W0189293

Gabrielle Bernstein

Das Universum steht hinter dir

Wie wir Angst in Vertrauen verwandeln

Aus dem Englischen von
Ulla Rahn-Huber

WILHELM HEYNE VERLAG
MÜNCHEN

Verlagsgruppe Random House FSC® N001967

Taschenbucherstausgabe 09/2018

Copyright © 2016 by Gabrielle Bernstein
Die Originalausgabe erschien unter dem Titel
The Universe has your back bei Hay House Inc.
Copyright © 2017 der deutschsprachigen Ausgabe by L · E · O Verlag
in der Scorpio Verlag GmbH & Co. KG, München
Copyright © 2018 dieser Ausgabe by Wilhelm Heyne Verlag, München,
in der Verlagsgruppe Random House GmbH,
Neumarkter Straße 28, 81673 München
Alle Rechte sind vorbehalten. Printed in Germany
Lektorat: Angela Hermann-Heene
Umschlaggestaltung: Guter Punkt, München,
unter Verwendung des Originaldesigns von Erica Jago
Illustrationen: Micaela Ezra
Satz: Schaber Datentechik, Austria
Druck und Bindung: GGP Media GmbH, Pößneck

ISBN 978-3-453-70354-4

www.heyne.de

Für meine liebste Freundin Micaela.
Danke dafür,
dass du meine spirituelle Laufpartnerin bist.

INHALT

EINLEITUNG

Im Frühjahr 2015 erlitt ich während einer Yogastunde einen Zusammenbruch. Aus heiterem Himmel, mitten beim Sonnengruß, überfiel mich urplötzlich ein Gefühl der Panik. Ich setzte mich auf meine Matte, um durch Atmen die Angst in den Griff zu bekommen, doch im selben Moment setzten schreckliche Schmerzen im Nacken ein, und die komplette linke Seite meines Gesichts und mein Arm wurden taub. Ich spürte, dass ich kurz davor war, durchzudrehen. Ich verließ rasch den Raum, rief meinen Arzt an und ließ mir einen Notfalltermin geben.

Innerhalb von 24 Stunden unterzog ich mich mehrerer MRTs und Blutuntersuchungen. Während ich auf die Ergebnisse wartete, machte ich die schlimmsten Ängste meines Lebens durch.

Als die Resultate endlich vorlagen, war ich ratlos. Es gab keinen Befund, der meine physischen Symptome hätte erklären können. Am Ende diagnostizierten die Ärzte schlicht eine Panikattacke. Für mich machte das jedoch keinen Sinn. Ich hatte einen wunderbaren Ehemann, der mich in jeder erdenklichen Hinsicht unterstützte, war beruflich erfolgreich und körperlich fit, und in der Familie lief auch alles wunderbar.

Genau genommen übertraf mein Leben alle meine Erwartungen. Im vergangenen Jahrzehnt hatte ich meine spirituelle Praxis laufend weiter ausgebaut, ich hatte viele alte Wunden heilen lassen und mein Vertrauen in die Führung des Universums gestärkt. Ich glaubte, ich sei endlich frei – von wegen!

Zwar gelang es mir in der darauffolgenden Woche, mich einigermaßen zusammenzureißen, doch die Frage ließ mich nicht los, wie es zu dem Zwischenfall hatte kommen können. Mit dem logischen Verstand konnte ich mir nicht erklären, was mit mir los gewesen war, und so setzte ich mich mit der Bitte um Erhellung und Weisheit vertrauensvoll auf mein Meditationskissen. Nachdem ich eine Weile in der Stille gesessen hatte, schrieb ich in mein Tagebuch: »Es liegt an deinem Widerstand gegen Liebe und Freiheit. Die Dunkelheit, die du noch in dir trägst, wehrt sich gegen das Glücklichsein.« Die Worte flossen wie von allein aus mir heraus.

Ich war völlig perplex. Konnten solche massiven körperlichen Schmerzen tatsächlich von meinem Widerstand gegen die Liebe ausgelöst werden? Ich war seit Jahren davon überzeugt, dass jeder Mensch glücklich und frei sein würde, sobald er die Wunden der Vergangenheit ausgeheilt hätte und seine spirituelle Verbindung tief genug wäre. Unermüdlich hatte ich daher an meinem inneren Wachstum gearbeitet und war die ganzen Jahre konsequent auf dem spirituellen Pfad geblieben. Die Welt um mich herum hatte angefangen, mir meinen positiven inneren Zustand zu spiegeln, und mein Leben war richtig in Fluss gekommen. Doch genau in diesem Augenblick meldete sich die latent in mir vorhandene Angst und wehrte sich mit aller Kraft gegen die Liebe und das Licht, auf die zu vertrauen ich begonnen hatte.

Ich sah mir diesen Widerstand genau an, um ihn zu verstehen und ihn mir bewusst zu machen. Nach gründlicher Selbsterforschung wurde mir schließlich klar, dass es ebendiese innere Abwehr gegen die Liebe ist, die uns alle in der Dunkelheit hält. Sie ist es, die uns an alten, einschränkenden Mustern festhalten lässt. Wir können uns mit Meditation, Gebet, positiven Affirmationen, Therapie und anderen Methoden der persönlichen Weiterentwicklung immer wieder Erleichterung verschaffen. Doch dann reicht eine einzige beschränkende Überzeugung, eine negative Bemerkung oder ein Abhängigkeitsmuster, und schon sind die guten Gefühle verflogen. Wir erleben diese Rückschläge immer wieder, weil die Dunkelheit in uns in dem Augenblick auf den Plan tritt, in dem wir anfangen, uns dem Licht zuzuwenden.

Selbst wenn wir uns auf den Pfad von Liebe und Glück begeben, fällt es uns oft schwer, uns aus unserer Angst zu lösen. Warum? Weil wir gelernt haben, auf sie zu vertrauen. Wir messen unserem Schmerz Bedeutung bei, weil wir überzeugt sind, dass Erfolg, dauerhaftes Glück und ein sinnvolles Leben nur um den Preis von Kampf und Auseinandersetzung zu haben sind; und ein Umfeld von Macht und Konflikt verleiht uns ein Gefühl von Sicherheit. Wie großartig sich die Liebe auch immer anfühlen mag, unbewusst sind wir überzeugt, nur überleben zu können, wenn wir an unseren Schutzmechanismen festhalten.

Vielleicht tun wir alles, um frei zu sein, in Fluss zu kommen und uns von unseren angstbasierten Gewohnheiten zu lösen, aber in dem Augenblick, in dem sich ein Gefühl von Erleichterung einstellt, schießt die Angst wie aus dem Nichts an die Oberfläche. Mag sein, dass wir lange brauchen, um dieses Muster zu durchschauen, haben wir es aber erst einmal erkannt, beginnt unsere Reise zur Freiheit. Denn der Hauptgrund für unser Unglück ist überraschend simpel: *Wir wehren uns dagegen, glücklich zu sein.*

Sigmund Freud entdeckte das Phänomen des Widerstands auf der Suche nach einer Erklärung dafür, warum sich der Zustand mancher seiner Patienten nicht bessern wollte. Eines Nachts träumte er von einem solchen Fall aus seiner Praxis und gelangte dabei zu der Erkenntnis, dass jegliche Veränderung zum Positiven ausblieb, weil die betreffende Patientin diese schlichtweg nicht wollte. Er nahm seinen Traum zum Anlass, dieses Phänomen umfassend zu erforschen, und es wurde in der Folgezeit zu einem der Eckpfeiler seiner Therapie.

Anders als Freuds Patientin hast du dieses Buch mit dem Vorsatz aufgeschlagen, aus der Angst zu erwachen und mit der Liebe in Resonanz zu gehen. Du hast dir da etwas Großes vorgenommen. Die Angst in dir wird alles daransetzen, dich im Schmerz und in der Dunkelheit gefangen zu halten. Sie ist die Wurzel all unserer Probleme und Gefühle von Getrenntheit. Wenn du wirklich Ja zur Liebe des Universums sagen willst, musst du dir deinen Widerstand anschauen und dich von einem Denksystem verabschieden, in dem du fälschlicherweise einen Hort von Sicherheit und Geborgenheit und das Fundament deines Lebens zu erkennen meinst.

LEKTION DES UNIVERSUMS: Um frei zu sein, musst du dir deinen Widerstand bewusst machen.

Du musst dir klarmachen, dass du zwar einen liebenden Geist in dir trägst, der zu Wundern fähig ist und im Frieden sein will, dass da aber gleichzeitig auch noch etwas in dir sagt: »Ich will nicht frei sein. Ich will nicht aufhören zu bewerten. Ich will die Kontrolle nicht abgeben.«

Die wirksamste Weise, deinen Widerstand loszulassen, liegt darin, dir bewusst zu machen, dass du ihn nicht loslassen willst. Sobald du akzeptierst, dass du geradezu süchtig nach Angst bist, kannst du alles hinter dir lassen, was in der Vergangenheit geschehen ist, und dir auf deinem weiteren spirituellen Weg so manchen angstbedingten Umweg ersparen. Dann kannst du dir verzeihen, dass du nicht alles perfekt hinbekommst und immer noch an alten Mustern festhältst. Diese Schattenseite in dir anzuerkennen ermöglicht die Heilung des Widerstands. Im metaphysischen Text *Ein Kurs in Wundern* heißt es:

»Der Kurs zielt nicht darauf ab, die Bedeutung der Liebe zu lehren [...] Er zielt vielmehr darauf ab, die Blockaden zu entfernen, die dich daran hindern, dir der Gegenwart der Liebe [...] bewusst zu sein.«

Bei mir war es so, dass sich meine Panik in dem Augenblick legte, als ich meine Angst akzeptierte. Dass ich sie annahm und mich meiner Sehnsucht nach Freiheit hingab, bahnte mir zusätzlich den Weg. Ich arbeite jeden Tag daran, mich der Liebe nicht mehr zu widersetzen, und ich vertraue fest darauf, dass mir die liebevolle Energie des Universums stets zur Verfügung steht.

Auch du kannst diese Freiheit erlangen. Halte, während du mit den heilenden Gebeten, Übungen und Meditationen in diesem Buch arbeitest, liebevoll nach deiner Angst Ausschau, und beschließe bewusst, dass du dieses Denksystem nicht mehr willst. Mit diesem Entschluss bereitest du dir deinen Weg zum Glück.

Um das alte Denksystem loszulassen und ein neues an seine Stelle treten zu lassen, braucht es Übung, aber es ist sehr viel weniger »Arbeit«, als du vielleicht denkst. Hingabe an das Universum zu üben ist die Praxis, die dich am weitesten bringt. In jedem Kapitel dieses Buchs findest du einfache Gebete, Affirmationen und Übungen, die dir dabei helfen, deine angstvollen

Gedanken und deine Energie der Liebe des Universums anzuvertrauen. Es ist wichtig, dass du nicht versuchst, die Übungen gedanklich zu durchdringen. Mach sie einfach! Vielleicht stellst du fest, dass dich die eine oder andere ganz besonders anspricht. Wenn das der Fall ist, kannst du sie mehrfach wiederholen. Der optimale Weg für dich wird mit der Zeit Gestalt annehmen. Du wählst dir deine Route selbst. Statt dir einen bestimmten Plan vorzugeben oder dich mit allzu viel Werkzeug zu belasten, will ich dich lieber führen, indem ich dir stets aufs Neue in Erinnerung rufe, wonach du dich am meisten sehnst: Freiheit von Angst, sodass du zum Frieden zurückfinden kannst. Je öfter du an diesen Wunsch erinnert wirst, desto leichter wirst du es annehmen können, wenn er in Erfüllung geht.

Auf dem spirituellen Weg geht es nicht darum, wer am besten meditieren kann, am feinfühligsten oder erleuchtetsten ist. Es kommt vielmehr darauf an, uns immer wieder aufs Neue der Liebe hinzugeben. Genau das möchte ich mit diesem Buch erreichen.

Du kannst die zahlreichen Übungen, die es enthält, natürlich allesamt in dein Programm aufnehmen; vielleicht ziehen dich aber auch nur ein paar wenige besonders an. Es gibt kein Richtig und kein Falsch in ihrer Anwendung. Sei einfach offen, und bleib bei den Übungen, die dich inspirieren. Alle Meditationen im Buch kannst du dir übrigens auf Englisch kostenlos im Internet anhören. Du findest sie unter: www.GabbyBernstein.com/Universe.

Wenn du nur eine Lektion, ein Gebet oder eine Meditation aus diesem Buch täglich anwendest, wirst du zu einer tieferen Verbundenheit mit dem Universum gelangen und auf diese Weise wundersame Veränderungen bewirken. Verkomplizierе also nichts, und mach dir bewusst, dass du umso mehr profitieren wirst, je mehr du investierst. Wie sagt man so schön: »Es funktioniert, wenn du funktionierst.«

Ich lade dich also heute ein, dir deinen Widerstand bewusst zu machen, dir zu verzeihen, dass du bisweilen nicht immer mit der erforderlichen Konsequenz übst (oder die Übungen gar nicht machst), und dich der Führung anzuvertrauen, die dir hier begegnet. Geh mit offenem Geist an jedes neue Kapitel heran, und dir wird gegeben, was du gerade brauchst. Was du mitbringen musst, ist lediglich die Bereitschaft, die Blockaden loszulassen, die dich daran hindern, in Harmonie und der Energie der Liebe zu leben. Wenn du nun umblätterst, vergiss nicht, offen für neue Ideen zu sein. Hab Geduld, und vertraue darauf, dass das Universum hinter dir steht.

KAPITEL 1

DU BESITZT EINE VERBORGENE KRAFT

Als ich sechzehn Jahre alt war, kämpfte ich mit Depressionen. Ich wusste damals nicht, warum ich in diesem Zustand war, aber meine Angst, Sorgen und Traurigkeit waren nicht zu leugnen. Meine Depression war hinterhältig. Sie überfiel mich aus heiterem Himmel und ohne offensichtlichen Anlass. Da ich mein Problem allein nicht in den Griff bekam, wandte ich mich an meine Mutter, um mir Rat zu holen. Sie war eine absolut unkonventionelle Frau, für die Meditation und Yoga untrennbar zum Leben gehörten. Also legte sie mir das Instrument ans Herz, an das sie selbst glaubte, indem sie auf ein Meditationskissen deutete und sagte: »Durch diese Tür geht es nach draußen.«

Meine Mutter gab auch ihr Mantra an mich weiter: *So, Ham, So, Ham.* Und sie riet mir, mich mindestens fünf Minuten täglich hinzusetzen und zu meditieren. Meine Traurigkeit saß so tief, dass ich alles getan hätte, was sie mir sagte, und so fing ich zu meditieren an. Zu meiner Überraschung ging es mir sofort besser. Dieser unmittelbare Erfolg brachte mich dazu, mein Meditationskissen immer öfter aufzusuchen.

Nachdem ich zwei Wochen auf diese Weise geübt hatte, fuhr ich mit meinem Freund übers Wochenende in ein Strandhaus. Kaum waren wir dort angelangt, überfielen mich wieder die alten Gefühle von Depression und Angst. Ich sagte zu meinem Freund: »Es tut mir leid, aber ich brauche ein bisschen Zeit für mich. Ich muss meditieren.« Dann zog ich mich in ein kleines Zimmer im zweiten Stock dieses mir völlig fremden Hauses zurück. Im Dunkeln setzte ich mich auf das ordentlich gemachte Bett und fing an, mein Mantra zu rezitieren: *So, Ham, So, Ham*. Ich hatte keine Ahnung, was das bedeutete, aber ich wusste, dass es mir helfen würde, mich wieder besser zu fühlen. *So, Ham, So, Ham*. Etwa eine Minute lang hatte ich so mein Mantra rezitiert, als etwas ganz Wunderbares geschah. Wie aus dem Nichts hatte ich auf einmal das Gefühl, in eine warme Decke aus liebevoller Energie gehüllt zu sein. Meine Gliedmaßen fingen zu kribbeln an, und meine Angst und Depression verschwanden. Noch nie hatte ich einen solchen Frieden in mir empfunden. Ich war im Einklang mit einer Gegenwart, die viel größer war als alles, was ich bis dahin gekannt hatte. Ich hatte meine verborgene Kraft gefunden.

Ich erinnere mich an dieses Erlebnis, als wäre es gestern gewesen. Es war der Moment, in dem ich erkannte, dass ich mich mit einer liebevollen energetischen Kraft verbinden konnte, die weit über den logischen Verstand und den Ort, an dem ich mich gerade befand, hinausreichte. Zum ersten Mal in meinem Leben fühlte ich mich wirklich sicher. Ich verließ das Gästezimmer und ging zu meinem Freund hinunter. Die Schwere war fort, in meinen Augen lag ein Strahlen, und mein Geist war völlig klar. Überrascht fragte er: »Was ist denn mit dir los? Du siehst so erholt aus.« Ich antwortete nur: »Meditation.«

Über mehrere Monate hinweg behielt ich meine Meditationspraxis konsequent bei. Aber kaum, dass ich mich besser fühlte, nahm ich es nicht mehr so genau. Ich begann mich auf äußere Erfolge und weltliche Formen von Glück zu konzentrieren. Geborgenheit und Liebe suchte ich in Beziehungen zu Männern, Bestätigung und Befriedigung im Beruf, und das Hochgefühl, das ich einmal auf meinem Meditationskissen gefunden hatte, suchte ich in Drogen. Ich wählte die äußere Welt als meinen Quell von Liebe und wandte mich von der Energie des Universums ab.

Ich traf eine Reihe falscher Entscheidungen, da ich nach Sicherheit im Außen strebte, und fiel wieder in ein tiefes Loch. Die Depression hatte mich erneut im Griff. Diesmal aber wurde das Ganze von meiner Sucht und der damit verbundenen Scham noch verschlimmert. Eines Morgens hockte ich in meiner Wohnung auf dem Boden. Die Wirkung der Drogen und des Alkohols ließ langsam nach. Da fiel mir plötzlich wieder die energetische Verbindung ein, die ich einmal gespürt hatte. Das Mantra meiner Mutter kam mir in den Sinn, und ich fing an, es zu rezitieren: »So, Ham, So, Ham.« Als wäre keine Zeit vergangen, fand ich sofort wieder Zugang zu diesem Gefühl von Liebe. Es war, als würden mir unsichtbare Engelsschwingen vom Boden aufhelfen und mich in ein neues Leben jenseits der Angstwelt tragen, die ich mir gewählt hatte. Ich hatte die Tür nach draußen wiedergefunden.

An jenem Tag gab ich mir das Versprechen, der wahren Quelle der Liebe nie wieder den Rücken zuzukehren. Seit zehn Jahren befinde ich mich auf einer spirituellen Reise, um meine Beziehung zu dieser Liebe zu vertiefen. Die Liebe, von der ich hier spreche, wird oft auch Gott, Geist, Wahrheit oder Bewusstsein genannt. Neuerdings sprechen viele auch vom »Universum«. Für mich sind diese Wörter austauschbar, und als solches sind sie auch in diesem Buch zu verstehen.

Meine Beziehung zu dieser Energie ist mir im Leben das Wichtigste. Ohne sie verliere ich meine Kraft, meinen Sinn und meine Verbindung zur Liebe. Täglich strebe ich danach, mich mit Gebeten, Meditation, Achtsamkeitspraktiken und einem liebevollen Umgang mit mir selbst und anderen auf ihre Gegenwart einzuschwingen. Ich übernehme die Verantwortung für die von mir geschaffene Welt, indem ich mir Liebe zur Gewohnheit mache und mich jeden Tag aufs Neue mit ihr verbinde. In diesem Sinn muss ich selbst nach zehn Jahren auf dem spirituellen Weg noch immer täglich üben. Es ist ein lebenslanges Versprechen, das ich mir da gegeben habe. Die gute Nachricht ist, dass es mit der Zeit immer leichter wird, es zu halten. Es ist wie mit jeder neuen Gewohnheit: Je mehr man sie pflegt, desto mehr Freude macht sie. Inzwischen habe ich eine großartige Beziehung zum Universum, und das Universum lässt mich zum Dank nie im Stich.

LEKTION DES UNIVERSUMS: Glück, Erfolg und Sicherheit hängen von deiner Fähigkeit ab, mit der liebevollen Schwingung des Universums wirklich in Resonanz zu gehen.

Viele Menschen fühlen sich unglücklich, erfolglos und unsicher, weil sie vergessen haben, wo ihr Glück, ihr Erfolg und ihre Sicherheit in Wirklichkeit liegen. Wenn du dich darauf besinnst, wo deine wahre Kraft liegt, verbindest du dich mit dem Universum und kommst in den Genuss der Wunder des Lebens. Und, was das Allerwichtigste ist, dein Glück kann zum Ausdruck einer Freude werden, die die Welt ein Stück besser macht.

Freude ist unser Geburtsrecht. Es ist unsere Getrenntheit von der Liebe, die sie blockiert. Der Weg zurück zur Liebe fängt mit dem Verständnis an, wie es überhaupt zu dieser Abspaltung kommen konnte. Jeder von uns führt sie auf seine eigene Weise herbei. Auf die eine oder andere Art verschließen wir uns vor der Liebe des Universums und entscheiden uns für die Angst der Welt. Wir lassen uns von der Angst in den Bann ziehen, die uns aus den Nachrichten, in der Schule, im häuslichen Umfeld erreicht. Indem wir Schmerzen Bedeutung geben und Stärke im Außen suchen, verwehren wir der Liebe den Zutritt. Wir vergessen völlig, dass es sie gibt. Der metaphysische Text *Ein Kurs im Wundern* lehrt:

»Die Anwesenheit von Angst ist ein sicheres Zeichen, dass du Vertrauen in deine eigene Stärke setzt.«

Dies ist eine heftige Botschaft, und ich erinnere mich noch, wie mir die Luft wegblieb, als ich sie zum ersten Mal las. Getrenntheit von Liebe heißt, dass wir die Gegenwart einer höheren Macht (die Gegenwart des Universums) verleugnen und lernen, uns auf unsere eigene Stärke zu verlassen, um uns sicher zu fühlen. In dem Augenblick, in dem du dich von der liebevollen Gegenwart des Universums abwendest, verlierst du die Sicherheit, Geborgenheit und klare Führung aus dem Blick, die du sonst erhalten würdest. Richtest du dich dagegen wieder nach der Liebe aus und hörst auf, dich auf deine eigene Stärke zu verlassen, wird dir klare Orientierung zuteil. Die Gegenwart der Liebe vertreibt immer die Angst.

Mit der Energie des Universums vereint zu sein ist wie ein wundervoller Tanz, bei dem du deinem Partner so sehr vertraust, dass du dich einfach dem Rhythmus der Musik hingeben kannst. Wenn du mit der Energie des Universums zu tanzen beginnst, folgt dein Leben seinem natürlichen Fluss, eine unglaubliche Synchronizität wird möglich, kreative Lösungen fließen dir von allen Seiten zu, und du erlebst, was es heißt, in Freiheit zu sein.

Meine Freundin Carla ist ein gutes Beispiel dafür, was passiert, wenn wir mit der Gegenwart des Universums in Resonanz gehen. Sie ist in einer Familie groß geworden, in der äußere Erfolge mehr als alles andere zählten und man alles dafür gab, um sie zu erreichen. Sie glaubte daher fest, dass permanentes Streben, Stress und Kämpfen zum Erfolg dazugehören. Zehn Jahre ihres Lebens brachte Carla damit zu, sich mit viel Druck, Kontrolle und Manipulation eine Spitzenposition auf der Karriereleiter zu sichern. Je mehr sie sich anstrengte, so ihre Überzeugung, desto erfolgreicher, glücklicher und sicherer würde sie sein. Mit ihrer Durchsetzungskraft gelang es ihr tatsächlich, in eine nach außen hin äußerst bemerkenswerte Stellung zu gelangen. Eines Tages aber, als sie auf dem Höhepunkt ihrer Karriere angelangt war, hatte sie einen Nervenzusammenbruch, und ihr ganzes Leben stürzte wie ein Kartenhaus ein. Sie wurde als Notfall in die Klinik eingeliefert und musste sich für längere Zeit krankschreiben lassen. Die Welt, wie sie sie gekannt hatte – es gab sie nicht mehr.

Während der Genesungszeit geschah jedoch etwas, das Carlas Leben für immer verändern sollte. Eines Morgens wachte sie auf und blieb still im Bett liegen. Und in dieser Stille erinnerte sie sich an ein Gebet, das sie von ihrer Großmutter aus ihrer Kindheit kannte. Es war das Gebet des heiligen Franz von Assisi:

Herr, mach mich zu einem Werkzeug Deines Friedens,
dass ich liebe, wo man hasst;
dass ich verzeihe, wo man beleidigt;
dass ich verbinde, wo Streit ist;
dass ich die Wahrheit sage, wo Irrtum ist;
dass ich Glauben bringe, wo Zweifel droht;
dass ich Hoffnung wecke, wo Verzweiflung quält;
dass ich Licht entzünde, wo Finsternis regiert;
dass ich Freude bringe, wo der Kummer wohnt.

Herr, lass mich trachten, nicht, dass ich getröstet werde,
sondern dass ich tröste;
nicht, dass ich verstanden werde, sondern dass ich verstehe;
nicht, dass ich geliebt werde, sondern dass ich liebe.
Denn wer sich hingibt, der empfängt;
wer sich selbst vergisst, der findet;
wer verzeiht, dem wird verziehen;
und wer stirbt, der erwacht zum ewigen Leben.

Warum auch immer, sie hatte das Gefühl, das Gebet laut auf-
sagen zu müssen. Nachdem sie es getan hatte, stand sie auf und
wandte sich den Alltagsdingen zu. Alles schien zunächst völlig
normal, doch dann nahmen die Ereignisse ihren Lauf. Als sie
sich an ihren Computer setzte, fand sie eine E-Mail in ihrem
Posteingang, die einen Link zu einem meiner Blogs enthielt.
Er war ihr von einer Freundin weitergeleitet worden, mit der
sie jahrelang keinen Kontakt gehabt hatte. In der Betreffzeile
stand »Erfolg kommt von innen«, was Carlas Interesse weckte
und sie die E-Mail lesen ließ. Sie klickte sich durch einen
Video-Blog auf meiner Website, in dem ich erklärte, wie man
sich mit spirituellen Praktiken den Zugang zum Erfolg eröffnen kann. Sie hatte immer noch keine Ahnung, warum sie diese
E-Mail bekommen hatte, wer ich war oder warum sie auf meiner Website gelandet war. Sie hörte nur diese Stimme in sich
rufen: *Schau dir dieses Video an!*

Genau das tat sie, und sie hatte das Gefühl, als würde ich sie
direkt ansprechen. Am nächsten Tag ging sie in eine Buch-
handlung. Eigentlich wollte sie sich einen Roman besorgen,
doch dann fiel ihr aus heiterem Himmel ein Sachbuch vor die
Füße. Es war von mir. Der Titel lautete *Könnte Wunder bewirken*. Sie erkannte mein Foto auf dem Cover und lachte über

die Synchronizität. Sie konnte den Hinweis kaum ignorieren. Darum kaufte sie das Buch und fing sofort mit dem 40-Tage-Programm an.

Am dreißigsten Tag war Carla auf Facebook unterwegs, als ein Post von mir aufpoppte, mit der Ankündigung, dass ich in zwei Wochen zu einem Vortrag in ihre Stadt kommen würde. Sie buchte sofort ein Ticket.

Während der Veranstaltung saß Carla still auf ihrem Platz. Als es Zeit für die Fragen aus dem Publikum wurde, hatte sie keinesfalls die Absicht, sich in den Mittelpunkt zu stellen oder irgendetwas von sich zu geben, zumal sie mit diesem ganzen Selbsthilfekram noch nie wirklich viel am Hut gehabt hatte. Plötzlich hörte sie mich fragen: »Wer von den Leuten hier im Saal hat das 40-Tage-Programm aus *Könnte Wunder bewirken* gemacht?« In dem Augenblick wurde ihr bewusst, dass dies ihr vierzigster Tag war! Ohne lang zu überlegen, hob sie die Hand, und so bat ich sie, nach vorne zu kommen und zu berichten, welche Erfahrungen sie damit gemacht hatte. Also erzählte Carla, dass sie keine Ahnung hatte, wie diese E-Mail damals den Weg in ihren Posteingang gefunden hatte oder warum das Buch aus dem Regal ausgerechnet ihr vor die Füße gefallen war oder wie zehn Tage vor meinem Besuch in ihrer Stadt der Facebook-Post bei ihr aufgetaucht war. Sie beschrieb, wie sie während ihrer Arbeit mit dem Buch zu der Erkenntnis gelangt war, dass ihre alte Art zu leben nicht mehr funktionierte; dass ihr dabei neue Möglichkeiten aufgezeigt worden waren. Und sie erklärte vor diesem Saal von Fremden, dass sie ihren Stressjob an den Nagel hängen und eine Ausbildung im Ernährungsbereich anfangen würde, ein Thema, das sie schon immer interessiert hatte. Sie sagte: »Vor vierzig Tagen war ich total depressiv, aber heute weiß ich, dass es stimmt, was du sagst: Das Universum steht wirklich hinter mir.«

Carlas Geschichte zeigt uns, dass uns das Universum, wenn wir uns seiner Macht anvertrauen, immer genau zu dem hinführt, was wir gerade brauchen. In dem Augenblick, in dem sie das Gebet des heiligen Franz von Assisi sprach, hörte sie auf, sich auf ihre eigene Stärke zu verlassen, und bat das Universum unbewusst um Hilfe.

Synchronizität, Führung, Heilung und Fülle sind uns *jederzeit* zugänglich. Wir müssen nur mit der Energie des Universums in Resonanz gehen, um mit deren helfender, liebevoller Qualität in Fluss zu kommen. Sobald wir mit ihr im Einklang sind, wird unser Leben zum glücklichen Traum.

LEKTION DES UNIVERSUMS: Wenn du deinen Willen an die Macht des Universums abgibst, empfängst du Wunder.

Eine weitere Möglichkeit, dich in die Hände des Universums zu begeben, ist, dir klar vor Augen zu führen, wie die Geschichten und Überzeugungen, die du in dir trägst, dein Erleben bestimmen.

Ein Kurs in Wundern lehrt, dass Projektion gleichbedeutend mit Wahrnehmung ist. Welche Geschichten wir auch immer in unserem Kopf projizieren mögen, sie entscheiden, wie wir unser Leben wahrnehmen. Gary Renard, ein großartiger *Ein-Kurs-in-Wundern*-Lehrer, hat mir eine wunderbare Metapher dafür mit auf den Weg gegeben. Stell dir vor, du bist im Kino und schaust dir einen Horrorfilm an. Es ist der Moment im Film, an dem gleich irgendetwas Schreckliches passiert. Du weißt, dass die Heldin, wenn sie um die nächste Ecke biegt, in Lebensgefahr gerät. Du wirfst Popcorn Richtung Leinwand und schreist: »Nein! Geh nicht um diese Ecke!« Genau so, sagt Gary, können wir uns unser eigenes Leben vorstellen. Wir schauen auf die Leinwand, auf der sich das Ganze abspielt, und schreien: »Wärme die Beziehung nicht noch einmal auf! Nimm diesen fürchterlichen Job nicht an! Lass den Alkohol stehen!« Aber wir landen immer und immer wieder in derselben Horrorszene.

Unsere Projektion ist unsere Wahrnehmung. Hier ein gutes Beispiel dafür, wie eine alte Angstgeschichte, die ich längst überwunden zu haben glaubte, sich nach Jahren plötzlich wieder zurückmeldete.

In der Highschool hatte ich nie so etwas wie eine Clique gehabt. Ich hatte damals viele männliche Freunde, coole Typen, die in Bands spielten und im Keller bei ihren Eltern kifften. Ich liebte diese Leute, aber trotzdem fühlte ich mich als Außenseiterin, weil ich keinen Freundeskreis unter Mädchen hatte. Diese Projektion wurde viele Jahre lang zu meiner Wahrnehmung.

Dann fing ich mit Mitte zwanzig an, Seminare und Vorträge vor großem weiblichem Publikum zu halten. Im Laufe der Zeit wuchs die Schar meiner Anhängerinnen auf mehrere Hundert an. Die alte Geschichte durfte langsam heilen, und ich akzeptierte, dass ich Teil einer starken Gruppe von gleichgesinnten Frauen war, die meine Spirit-Junkie-Mentalität teilten.

In dem Moment, in dem ich mir ganz sicher war, meine alte Angstwahrnehmung überwunden zu haben, zeigte sich, dass ich mich doch noch nicht ganz von ihr befreit hatte. Es ist nämlich so, dass unsere Angstgeschichten ganz schön heimtückisch sind. Sie leben in unserer Psyche und in unseren Zellen; sie lauern in unserem Unbewussten. Und wenn wir glauben, wir wären fertig mit der falschen Projektion, PENG! Es genügt ein simpler Auslöser, und schon stecken wir wieder mitten drin in der alten Angst. Ich hatte damals viele Freundinnen und fühlte mich in meinem Kreis sicher. Doch es gab eine unter den Frauen, zu der ich irgendwie keinen echten Draht entwickelt hatte. Sie war immer freundlich, aber ich empfand sie nie als besonders warm oder authentisch. Jedenfalls lud sie uns jedes Jahr zu einer großen Party ein. Ungefähr einen Monat vor der Zeit, zu der die Einladung normalerweise kam, meldete sich das alte Muster plötzlich zurück: Ich dachte, ich würde diesmal nicht eingeladen werden. Ich redete darüber mit meinem Mann, meinen Freunden und jedem, der bereit war, mir zuzuhören. Der Tenor meines inneren Dialogs lautete: *Wenn die Einladungen verschickt werden, gehe ich leer aus.* Und dann geschah es wirklich! Die Einladungen gingen per E-Mail raus, und ich bekam keine. Ich war total traurig. Das Gefühl, Außenseiterin zu sein, das ich aus meiner Jugend kannte, überrollte mich. Dann kam die Wut, und ich regte mich furchtbar auf.

Die Geschichte warf mich komplett aus der Bahn. Ich lief in meinem ganzen Freundeskreis herum und erzählte allen, dass diese Frau mich nicht eingeladen hatte. Ich war erwachsen, verhielt mich aber wie ein Kind. Eines Morgens wachte ich auf und war total depressiv. Der erste Gedanke, der mir kam, war: *Ich bin nicht gut genug. Ich bin eine Außenseiterin.* Glücklicherweise reichte mein spirituelles Bewusstsein zu diesem Zeitpunkt bereits aus, um endlich zu erkennen, welche alte Geschichte dahintersteckte, und ich beschloss, meine innere Haltung zu verändern. Ich sagte laut das folgende Gebet:

Ich danke dir, Universum, dass du mir hilfst,
dieses Thema auszuheilen. Ich verzeihe mir diesen Gedanken
und beschließe, stattdessen Liebe zu sehen.

Dann wandte ich mich meinem Alltag zu.

An diesem Tag traf ich mich zum Mittagessen mit einem Freund. Ich erzählte ihm, dass ich nicht zu der Party eingeladen worden war. Er lachte laut auf und meinte: »Was? Bist du verrückt? Natürlich bist du eingeladen! Schreib ihr eine SMS, und frag sie einfach, was passiert ist.« Weil ich am Morgen mein Gebet gesprochen hatte, war ich offen genug, mir seinen Vorschlag anzuhören. Darum antwortete ich spontan: »Ok, ich schreibe ihr eine SMS.« Ich schnappte mir mein Smartphone und schickte ihr die folgende Nachricht: »Hi, wie geht's? Ich habe keine Einladung zu deiner Party bekommen. Ich hoffe, es gibt kein Problem zwischen uns.« Schon ein paar Sekunden später war ihre Antwort da: »Was?! Natürlich habe ich dich eingeladen! Ich habe die E-Mail von einem anderen Account aus geschickt. Vielleicht schaust du mal in deinem Spam-Ordner nach.« Ich tat es, und natürlich … die Einladung war da.

Diese Geschichte zeigt, wie unsere Projektion unsere Wahrnehmung formt. Ich hatte mich derart darauf versteift, als Außenseiterin keine Einladung bekommen zu haben, dass es mir gar nicht in den Sinn gekommen war, einen Blick in den Spam-Ordner zu werfen. Dabei liegt es doch auf der Hand, wenn ich bedenke, wie stark meine E-Mails mittlerweile gefiltert werden. Aber da ich so tief in die Geschichte verstrickt war, schnitt ich mich von den Möglichkeiten ab, die mir die Liebe bot, und entschied mich stattdessen für die Angst.

Energie folgt der Aufmerksamkeit. Mein Fokus hatte sich so stark auf das Negative gerichtet, dass ich mich vor der Möglichkeit der Liebe verschlossen hatte. In dem Augenblick, in dem ich das Gebet sprach, öffnete ich mein Bewusstsein und wurde empfänglich für neue Informationen. Dadurch wurde es mir möglich, aus der angstbasierten Projektion auszusteigen.

Die gute Nachricht ist, dass es einen einfachen Ausweg aus unseren Angstprojektionen gibt. Gary, der *Kurs*-Lehrer, von dem die Kinometapher stammt, empfiehlt uns, zu fragen, was wäre, wenn wir in den Projektorraum gehen und einfach einen anderen Film einlegen würden. Was würde passieren, wenn du deine Projektion austauschen könntest? Wie sähe deine Wahrnehmung dann aus?

LEKTION DES UNIVERSUMS: Du siehst die Welt, die du dir erschaffen hast, aber du erkennst nicht, dass du die Bilder selbst erzeugt hast.

Die folgenden Schritte können dir helfen, dich auf deine verborgene Kraft zu besinnen.

Schritt 1: Was für ein Horrorfilm läuft bei dir?

Erinnere dich noch einmal an Garys Metapher, und stell dir vor, du wärest der Regisseur deines Lebensfilms. Mach dir bewusst, welchen Film du auf dein Leben projizierst, und denke über folgende Fragen nach:

> Welche angstbasierten Geschichten aus der Vergangenheit oder Projektionen bezüglich der Zukunft laufen in deinem inneren Kino?
> Auf welche Weise machen es dir diese Geschichten unmöglich, dich getragen zu fühlen und glücklich zu sein?

Schritt 2: Welcher positive Film läuft in dir ab?

So, wie uns Angstgeschichten vom Fluss des Universums abschneiden, so verleihen positive Geschichten unserem Dasein Kraft. Schauen wir uns einmal näher an, welche nährenden Geschichten von deinem inneren Projektor ausgestrahlt werden. Falls du im Augenblick in sehr viel Angst feststeckst und Schwierigkeiten hast, eine aufbauende Geschichte zu finden, verkompliziere die Dinge nicht! Es genügt schon, wenn du dir sagst: *Ich bin glücklich und fühle mich verbunden, wenn ich koche.* Oder: *Ich bin im Fluss mit dem Universum, wenn ich eine größere Strecke jogge.* Auch das ist eine positive Geschichte.

> Welche von der Liebe inspirierten Geschichten laufen in deinem Kopf immer wieder ab?
> Wie kommt es, dass dir diese Geschichten das Gefühl geben, getragen und glücklich zu sein?

Diese Übung hilft dir, zu verstehen, wie deine positiven Projektionen deine Verbindung mit dem Universum stärken und wie negative Projektionen dafür sorgen, dass du dich festgefahren fühlst. Eines der großen Ziele dieses Buchs besteht darin, mehr Energie in Richtung auf die bejahenden, schönen Geschichten zu lenken, und die negativen mithilfe der im Folgenden vorgestellten Übungen heilen zu helfen.

LEKTION DES UNIVERSUMS:
Suche Liebe an den richtigen Stellen.

Schritt 3: Geh in deine Kraft.
Wenn wir uns auf die positiven Geschichten konzentrieren, heben wir unser energetisches Niveau an, wir stärken unsere Präsenz und sogar unser Immunsystem, sodass wir uns auch körperlich stark fühlen. Positive Geschichten geben uns ein gutes Gefühl, und wenn wir uns gut fühlen, sind wir stark. Unsere Stärke liegt in unserer Präsenz. Solange auf deiner inneren Leinwand eine positive Projektion läuft, ist auch deine Wahrnehmung der Welt positiv. Bleibst du in der positiven Energie und in deiner Kraft, wirst du zu einem Magneten für Wunder.

Es lässt sich leicht beschreiben, wie es sich anfühlt, in der Kraft und präsent zu sein: Bin ich präsent, fällt mir das Atmen leicht, die richtigen Worte fallen mir ein, ohne dass ich groß nachdenken muss, ich habe echtes Selbstvertrauen, und die Menschen ringsum gehen mit meiner Energie in Resonanz. Ich fühle mich sicher, ruhig und im Fluss mit den Dingen, die ringsum geschehen. Gehe ich hingegen aus meiner Kraft und verliere meine Präsenz, fühle ich mich festgefahren, schwach, müde, nervös und gereizt. Keiner will in meiner Nähe sein, und ich fühle mich von allen abgeschnitten. Es ist von unschätzbarem Wert für mich, ganz klar den Unterschied zwischen beiden Zuständen unterscheiden zu können. Diese Bewusstheit lässt mich erkennen, wann ich meine innere Ausrichtung verloren habe, sodass ich mich sofort dazu entschließen kann, wieder in meine Kraft zu kommen.

In diesem Buch gebe ich dir einen ganzen Satz von effizienten Instrumenten an die Hand, mit denen du aktiv am Feintuning deiner Präsenz arbeiten kannst, um immer in Verbindung zu bleiben. Beginnen wir damit, dass du nun zur Schulung deines Bewusstseins genau in dich hineinspürst.

Nimm dir einen Augenblick Zeit, um die folgenden Fragen zu beantworten:

> Wie fühlt es sich an, wenn du in deiner Kraft präsent bist?
> Wie fühlt es sich an, wenn du von deiner Kraft abgeschnitten bist?

Achte im Alltag ganz genau darauf, wie es sich anfühlt, in deiner Kraft oder von ihr abgeschnitten zu sein. Dieses Bewusstsein zu entwickeln ist entscheidend dafür, mit deiner verborgenen Kraft in Verbindung zu kommen.

Zurück in deine Kraft zu finden ist ganz einfach. Wann immer du spürst, dass du aus der Gegenwart der Liebe herausgetreten bist, sprich ein Gebet, und du kehrst in den Frieden zurück.

LEKTION DES UNIVERSUMS: Deine Präsenz ist deine Kraft.

Nach einem meiner Vorträge fragte mich eine Frau aus dem Publikum: »Bist du immer in deiner Kraft?« Ohne zu zögern, antwortete ich: »Aber nein! Irgendetwas zieht mich dauernd von mir weg. Aber ich weiß, wie ich schnell zurückfinden kann.« Unsere Energien zu sammeln und in unsere Präsenz und Kraft zurückzufinden, ist so einfach wie Garys Metapher: In dem Augenblick, in dem wir merken, dass wir nicht mehr in Verbindung sind, können wir den Film auswechseln. Das Formulieren einer Absicht reicht aus, um unsere Energien augenblicklich neu auszurichten. Vergiss nicht, dass deine Absicht der Schöpfer deiner Realität ist!

In dem Wissen, wie unsere positive Gegenwart in unser äußeres Leben hineinstrahlt, liegt eine ungeheure Stärke. Es erlaubt dir, ganz leicht zu unterscheiden, wann du in deiner Kraft bist und wann nicht. Hast du die Verbindung verloren, kannst du folgende Affirmation sprechen und damit wieder in Fluss kommen.

Ich beobachte, dass ich die Verbindung zu meiner Kraft verloren habe. Ich beschließe, jetzt wieder Frieden zu sehen.

Mit dieser Affirmation findest du jederzeit in deine Kraft und damit in die Liebe zurück. Es steht dir immer offen, dich dazu zu entschließen, und wenn du diesen Entschluss wieder und wieder neu fasst, hilft dir das, mit dem Universum in Verbindung zu bleiben. Mit der einfachen Absicht, diesen Entschluss laufend neu zu fassen, bringst du deine Kraft zum Vorschein, und du wirst wieder präsent.

Die kleinste Verschiebung deiner Ausrichtung genügt, um dich augenblicklich wieder in Verbindung zu bringen. Mit zunehmender Übung in dieser achtsamen Neuausrichtung wirst du besser in den Fluss kommen und immer mehr Liebe, Synchronizität und ein unendliches Maß an Führung erleben. Nimm diese Lektionen des Universums ernst. Mit deiner hoch schwingenden Energie eröffnest du dir den Weg in ein Leben, das deine kühnsten Träume übertrifft.

Lass uns kurz zusammenfassen, was du in diesem Kapitel erfahren hast:

> Meditation, Gebet und Affirmation öffnen dich für die Macht des Universums.
> Wenn du nicht auf das Universum vertraust, tritt die Angst auf den Plan.
> Deine Projektion ist deine Wahrnehmung. Mach dir die angstbasierten Geschichten bewusst, die du auf deine innere Kinoleinwand projizierst.
> Deine Präsenz ist deine Kraft. Achte darauf, wie deine Gedanken, deine Worte und deine Energie dich vom Universum trennen. Und lerne zu unterscheiden, wie anders es sich anfühlt, ob du in deiner Kraft präsent bist oder die Verbindung verloren hast.
> Wenn du spürst, dass du die Verbindung verloren hast und aus der Gegenwart der Liebe gegangen bist, komm wieder in den Frieden, indem du die folgende Affirmation sprichst: *Ich beobachte, dass ich die Verbindung zu meiner Kraft verloren habe. Ich beschließe, jetzt wieder Frieden zu sehen.*

Im nächsten Kapitel befassen wir uns mit der Kraft unserer Gedanken und Energie. Ich werde dir helfen, dir bewusst zu machen, wie du dir mit deinen Absichten deine Realität erschaffst. Diese Arbeit kann anfangs eine ziemliche Herausforderung sein. Die Verantwortung für die Welt zu übernehmen, die du dir selbst erschaffen hast, kann Angst machen. Aber vergiss nicht, dass du immer selbst entscheiden kannst, wie du die Situationen in deinem Leben betrachtest. Das gilt auch für deinen Heilungsprozess. Fassen wir also gemeinsam den Entschluss, uns mit Elan ins nächste Kapitel zu stürzen – mit dem Wunsch, dein inneres Bewusstsein im Geist des Selbstverzeihens und der Bereitwilligkeit zu schulen. Dieser Prozess soll dir Freude bereiten. Lass dich fallen, und gib dich der Führung hin, die sich einstellen wird. Viel Spaß dabei!

KAPITEL 2

DU BIST DER GESTALTER
DEINES TRAUMS

Wir erschaffen das, worauf wir unsere Aufmerksamkeit richten – sei es gut oder schlecht. Wie wir in Kapitel 1 gesehen haben, werden die Geschichten, die wir auf unsere innere Kinoleinwand projizieren, zu den Erfahrungen, die wir als unsere Realität wahrnehmen. Wir bringen Tage damit zu, Informationen und Bilder als Material für unsere inneren Filme zu sammeln. Unablässig sind wir damit beschäftigt, unsere Aufmerksamkeit auf bestimmte Bilder zu richten und andere auszublenden. Auf diese Weise gestalten wir aktiv die Welt, die wir wahrnehmen. Je mehr Aufmerksamkeit wir bestimmten Bildern schenken, desto mehr blenden wir andere aus. In *Ein Kurs in Wundern* heißt es:

> »Ich bin verantwortlich für das, was ich sehe.«

Dieser Satz unterstreicht die Erkenntnis, dass unsere Projektion unsere Wahrnehmung ist. Der *Kurs* betont, dass das, was wir wahrnehmen, ausschließlich auf unseren Interpretationen beruht. So können wir etwa einen Streit mit unserem Partner als weiteren Scheidungsgrund betrachten oder beschließen, darin eine wichtige Lern- und Wachstumschance zu sehen, die uns als Paar stärker macht. Wir können in einer ungünstigen medizinischen Diagnose einen Anlass zur Panik sehen oder die Chance, einen Gang zurückzuschalten und anzufangen, jeden Augenblick mit Dankbarkeit anzunehmen. Wie düster auch immer sich die Umstände darstellen mögen, es liegt an uns, ob wir ihnen mit Liebe oder mit Angst begegnen. Unsere eigene Interpretation entscheidet über die Realität, die wir erleben.

Vielleicht denkst du jetzt: Das mag ja alles gut und schön sein für diejenigen unter uns, die in einem fortschrittlichen Land in stabilen gesellschaftlichen Verhältnissen leben und Zugang zu Nahrung, Sicherheit und anderen Bedarfsgütern (ganz zu schweigen von Luxusartikeln) haben. Was aber ist mit den Menschen, die in armen Ländern leben oder von Krieg oder lebensgefährlichen Umständen bedroht sind? Was ist mit denen, die mit extremen Widrigkeiten zu kämpfen haben? Wie sollen sie sich entschließen, ihrer Welt mit Liebe zu begegnen? Natürlich schaffen die persönlichen Lebensumstände eines jeden Einzelnen Unterschiede im Hinblick darauf, wie schwer oder leicht die Übung durchzuführen ist, aber es gibt unzählige Beispiele dafür, wie die Menschlichkeit unter grauenhaftesten Bedingungen die Oberhand behielt. Denken wir an Elie Wiesel, der seine Erfahrungen im Holocaust in eine existenzielle Reise verwandelte, aus der er als einer der größten Schriftsteller und Heiler unserer Zeit hervorgegangen ist. Oder Mahatma Gandhi, der sich inmitten der indischen Unabhängigkeitsbewegung für das Mittel des friedlichen Widerstands entschied. Oder Leymah Gbowee, die das Allerschlimmste gesehen hat, wozu die Menschheit fähig ist, und half, Liberia unter weiblicher Führerschaft aus einem furchtbaren Bürgerkrieg herauszuführen. Was all diesen Heldinnen und Helden gemeinsam ist, ist die Bereitschaft, den Umständen mit

Liebe zu begegnen. Angst hätte zu Gewalt und Tod geführt. Liebe führte sie über die Wahrnehmung der Finsternis hinaus ins Licht.

LEKTION DES UNIVERSUMS: Du bist nicht dafür verantwortlich, was deine Augen sehen. Du bist dafür verantwortlich, wie du das Gesehene wahrnimmst.

Wir brauchen keine großen Weltenlenker zu sein, um unsere Wahrnehmung radikal zu verändern. Manchmal reicht es schon, wenn wir uns entschließen, mit mehr Dankbarkeit auf unseren Job zu schauen oder unserer Familie mit mehr Liebe zu begegnen. Eine kleine Verschiebung kann genügen, um uns für immer zu verwandeln. Ich selbst habe meinen Körper jahrelang als schwach erlebt, weil ich schnell krank wurde. In Gesprächen behauptete ich, eine schwache Konstitution zu haben, und ich strickte mir eine Geschichte von meiner eigenen Anfälligkeit zurecht. Diese Wahrnehmung meines Körpers ließ mich noch leichter krank werden.

Mit Mitte dreißig etwa fing ich an, ernsthaft an Familienplanung zu denken. Das war der Zeitpunkt, an dem ich etwas ändern wollte. Ich nahm mir vor, mein Baby in einem gesunden Umfeld aufwachsen zu lassen und alle Blockaden zu beseitigen, die einer Schwangerschaft im Wege standen. Außerdem hatte ich die Nase voll von meiner alten, angstbasierten Körperwahrnehmung. Ich war bereit zu verändern, was ich als Projektion auf meiner inneren Kinoleinwand erkannt hatte, und vertraute darauf, zu einer neuen Wahrnehmung geführt zu werden, indem ich meine innere Geschichte veränderte.

Also kniete ich nieder, betete für eine neue Körperwahrnehmung und bat um Führung, in welcher Form auch immer ich sie brauchte, um die Verschiebung zu bewirken. Ein paar Tage später rief mich mein Freund Michael an und sagte: »Ich habe bei meiner Naturheilärztin, Dr. Linda, einen Termin für dich ausgemacht. Eigentlich ist es unmöglich, einen zu bekommen, aber ich hatte das Gefühl, dass du ihn dringend brauchst. Darum habe ich einfach in der Praxis angerufen.« Und er fuhr fort: »Ich war nicht sicher, ob sie dich überhaupt als Patientin annehmen würde, aber dann ist etwas Wunderbares passiert. Als ich der Sprechstundenhilfe deinen Namen gesagt habe, war sie sofort bereit zu helfen. Wie sich herausgestellt hat, ist sie seit Jahren ein Fan von dir.«

Ich war so überwältigt von Michaels Großzügigkeit und der göttlichen Synchronizität, dass ich sein Angebot bereitwillig annahm. Die Führung, die mir da zuteilwurde, war wirklich erstaunlich. Ein paar Monate vor Michaels Anruf (mit anderen Worten: ein paar Monate vor meinem Entschluss, Vertrauen in meine Gesundheit zu setzen) hatte ich nämlich bereits von einer anderen Freundin von Dr. Linda gehört und daraufhin versucht, bei ihr einen Termin zu bekommen. Damals hatte ich, wie du weißt, meinen Entschluss, gesünder zu sein, noch nicht hundertprozentig gefasst. Ich rief mehrmals in der Praxis an und hinterließ jedes Mal eine Nachricht, aber man rief mich noch nicht einmal zurück. Ich wusste von Freunden, wie schwierig es war, einen Termin bei der Ärztin zu bekommen, und das hatte ich verinnerlicht. So gab ich es schließlich auf, überzeugt, dass sie schlicht und ergreifend zu ausgebucht sei, um noch neue Patienten aufzunehmen. Meine Apathie im Hinblick auf meine Gesundheit hinderte mich daran, einen Termin zu bekommen. Doch in dem Augenblick, in dem ich bereit war, meinen Körper anders wahrzunehmen, schickte das Universum Michael los, und der wurde aktiv.

LEKTION DES UNIVERSUMS: Das Universum wirkt immer darauf hin, dich zu den Lösungen zu führen, die deinem höchsten Wohl entsprechen. Du musst nur bereit sein, sie zu empfangen.

Der Schlüssel zum Empfang von spiritueller Führung liegt darin, offen für sie zu sein. Kaum war ich bereit, meinen Körper anders wahrzunehmen, erhielt ich genau die Hilfe, die ich für eine radikale Heilung brauchte. Auf Dr. Lindas Rat hin stellte ich meine Ernährung um und strich Zucker, Hefe, Milchprodukte und Gluten von meinem Speiseplan. Ich fing an, Produkte zur Nahrungsergänzung und Entgiftung einzunehmen. Ich wurde mir bewusst, wie sehr meine Art von Ernährung, das dauernde Unterwegssein und der ständige Stress meinem Körper zusetzten. Dieses Wissen spornte mich an. Ich fing an, über alle meine homöopathischen Mittel und Nahrungsergänzungsprodukte zu beten, um sie mit positiver Energie aufzuladen und so ihre Wirkung auf meinen Körper noch zu verstärken. Ich schuf mir eine neue innere Geschichte: *Ich wirke aktiv auf die Heilung meines Körpers hin. Ich bin gesund, und ich bin frei.*

Der Heilungsprozess verlief nicht ohne Hürden, aber ich hatte das Gefühl, dass mir neue Kräfte zugewachsen waren. Ich war zu einer Lösung geführt worden, die meinem höchsten Wohl entsprach, und war stolz darauf, die Chance ergriffen zu haben. Mag sein, dass mein Körper nicht über Nacht genas, doch meine Wahrnehmung von ihm tat es sehr wohl. Und diese neue Wahrnehmung verlieh mir die Energie und Überzeugung, die ich brauchte, um auf dem Weg zu bleiben. Meine neue Geschichte befreite mich aus der Angst und eröffnete mir unendliche Möglichkeiten, um Heilung zu erfahren.

Heute vertraue ich voll und ganz auf die Art und Weise, wie ich meinen Körper behandle, und ich weiß, dass ich von

Augenblick zu Augenblick stärker werde. Meine früheren gesundheitlichen Herausforderungen sind mir aus heutiger Sicht ein großartiger Lehrer gewesen. Ich habe die Wahrnehmung meines Körpers verändert und ihn als ein Gefäß zu betrachten gelernt, durch das ich Liebe verströme. Und ich fühle mich ganz großartig dabei!

LEKTION DES UNIVERSUMS: Das Universum ist deine Schule, und wenn du deine Rolle als glücklicher Schüler akzeptierst, macht das Leben so richtig Spaß.

In dem Augenblick, in dem ich beschloss, meine Gesundheitsprobleme aus der Perspektive der Liebe zu betrachten, war ich empfangsbereit für die Unterstützung des Universums. Wie wir auf unsere Lebensumstände reagieren, hängt davon ab, wie wir sie wahrnehmen. Betrachten wir unsere Schwierigkeiten als Mangel, lassen wir uns zu negativen Urteilen hinreißen, und bleiben wir in der Angst, blockieren wir damit die Führung des Universums total. Entschließen wir uns aber, ebendiese Schwierigkeiten aus einer Haltung der Liebe heraus zu betrachten, schaffen wir Raum für Wunder.

In jeder gegebenen Situation können wir uns entweder die Angst zum Lehrer nehmen oder uns für die liebevolle Führung des Universums entscheiden.

LEKTION DES UNIVERSUMS: Wenn du dir das Universum zum Lehrer nimmst, kannst du die Dinge mit den Augen der Liebe betrachten.

Uns für die liebevolle Führung des Universums zu entscheiden ist nichts, was wir aus einem natürlichen Impuls heraus tun würden. Wir leben in einer von Angst durchdrungenen Welt und sind darauf programmiert, uns eher diesem negativen Gefühl zuzuwenden. So wie wir Liebe manifestieren, indem wir uns auf das Universum ausrichten, manifestieren wir Chaos, wenn wir uns von der Angst leiten lassen. Wir manifestieren immer entweder Liebe oder Angst. Es liegt an uns, zu entscheiden, welche Realität wir uns erschaffen möchten.

Den Zyklus der Manifestation von Angst zu durchbrechen ist weit einfacher, als du vielleicht denkst. In *Ein Kurs in Wundern* heißt es:

>»Sorge dich nicht darum, wie du eine Lektion lernen kannst, die so völlig verschieden ist von allem, was du dir selbst beigebracht hast. Wie könntest du das wissen? Deine Rolle ist ganz einfach. Du brauchst nur zu begreifen, dass du alles, was du gelernt hast, nicht willst. Bitte darum, gelehrt zu werden, und verwende deine Erfahrungen nicht, um das, was du gelernt hast, zu bestätigen.«

Mit den folgenden Schritten nimmst du deinen Dialog mit dem Universum auf. Sie sind die tragende Säule deiner spirituellen Praxis. Ich werde dich in diesem Buch immer wieder ermutigen, auf sie zurückzukommen.

Schritt 1: Bitte um Führung.

Wann immer du um Führung bittest, trittst du in Verbindung mit deiner inneren Weisheit, der Stimme der Liebe. Augenblicklich lässt du den Lehrer der Angst los und entscheidest dich für den Lehrer der Liebe, indem du dessen spirituelle Führung willkommen heißt. Dieses In-Verbindung-Treten ist, als würdest du dich an einen lieben Freund wenden, einen Vermittler, der deine Gedanken von der Angst weg hin zur Liebe lenkt.

So einfach ist das. Bitte einfach um Hilfe.

Probiere es jetzt.

Wähle irgendeinen Bereich deines Lebens, in dem du dich blockiert fühlst, und bitte nun im Gebet um Führung:

Danke, Universum, dass du mir Führung schenkst,
um diese Angst mit den Augen des Lehrers der Liebe
zu betrachten.

Achte darauf, wie gut es sich anfühlt, dieses Gebet gesprochen zu haben. Möglicherweise hat sich sogar sofort ein Gefühl der Erleichterung eingestellt. Sprich das Gebet im Laufe des Tages immer wieder, und achte jedes Mal auf dieses Gefühl von Erleichterung und die Führung, die dir zuteilwird. Ich hoffe, dass dir dieser Gebetsprozess hilft zu sehen, wie einfach es ist, dich auf die Energie des Universums auszurichten und die Wahrnehmung der Liebe zu wählen. Ganz gleich, wie weit du auf dem Weg der Angst bereits vorangeschritten bist, du kannst dich jederzeit neu entscheiden. Immer und immer wieder kannst du dich neu entscheiden.

Schritt 2: Praktiziere den heiligen Augenblick.

Wenn wir darum beten, vom Lehrer der Liebe und nicht vom Lehrer der Angst zu lernen, erleben wir, was *Ein Kurs in Wundern* als »heiligen Augenblick« bezeichnet. Er stellt sich in dem Moment ein, in dem wir unsere Angst an das Universum abgeben und die Perspektive der Liebe einnehmen. Er ist nichts Vorübergehendes und nicht in der Zeit verankert. Es handelt sich vielmehr um einen Augenblick außerhalb von Zeit und Raum, in dem unser denkender Geist begreift, dass er einen Fehler gemacht hat (der »unheilige Augenblick«) und die liebevolle Wahrnehmung des Universums einlädt, die Situation neu zu interpretieren. Durch die Wahrnehmungsverschiebung können wir auf einmal durchschauen, dass die äußere Welt eine Projektion dessen ist, was wir im Kopf geschaffen haben; dass das Problem nicht im Außen, sondern im Innern liegt. Wir werden daran erinnert, dass da eine liebevolle spirituelle Gegenwart ist, die uns genesen lassen kann. Dies ist der heilige Augenblick. Und wenn wir ihn erleben, erfahren wir ein Wunder.

Mit diesem Gebet kannst du üben, immer wieder in den heiligen Augenblick zu gehen. Je öfter du deine Wahrnehmung verschiebst, desto mehr wirst du dich an den Fluss des Universums angebunden fühlen. Diese Praxis ist die Grundlage für die weitere Arbeit in diesem Buch.

Ich habe neulich ein schönes Beispiel für das Wirken des heiligen Augenblicks erlebt. Ein Freund von mir beklagte sich furchtbar über seinen Chef. Lang und breit erzählte er mir, dass der Mann mit eiserner Faust regieren, dauernd alle Leute niedermachen und ein negatives Arbeitsumfeld schaffen würde. Mein Freund war wütend und verzweifelt deswegen, aber (und das ist das Entscheidende!) er war bereit, die Situation anders zu betrachten. Diese Offenheit brachte ihn dazu, zu mir die magischen Worte zu sagen: »Ich brauche Hilfe. Ich will meine Sicht der Dinge ändern.« Mit dieser Bitte um Hilfe öffnete er die unsichtbare Tür zum universalen Reich der spirituellen Führung.

Der Geist wirkt durch Menschen, und an jenem Tag wirkte er durch mich. Ich reagierte auf den Impuls, indem ich ihm vom heiligen Augenblick erzählte. Ich erklärte ihm, dass er, wenn er statt in die Angst in die Liebe ginge, eine Feindeswahrnehmung in eine Freundeswahrnehmung verwandeln könne. Wir sprachen gemeinsam das folgende Gebet: *Danke, Geist, für deine Führung. Wir übergeben diese Sorge an dich und laden dich ein,*

alle einschränkenden Glaubenssätze neu zu ordnen und in die Liebe
zu führen.

Mein Freund fühlte sich sofort besser. Die Erleichterung
stand ihm ins Gesicht geschrieben. Wir verabschiedeten uns
und nahmen das Wunder des heiligen Augenblicks an. Eine
Stunde später rief er mich an. Er sagte: »Es ist etwas total
Verrücktes passiert. Als ich nach Hause kam, dachte ich noch
immer über deine Worte nach. Ich stand im Flur und schaute
mir die Post an, als ich dich wieder sagen hörte: ›Entscheide
dich, ihn als Bruder zu betrachten.‹ In dem Moment entdeckte
ich oben auf dem Stapel mit den Briefen eine Weihnachts-
karte von meinem Chef. In diesem Augenblick fühlte ich,
wie mich eine Welle der Liebe erfasste, und ich konnte ihn
auf einmal tatsächlich als Bruder betrachten. Ich fühlte mich
auf eine andere Weise mit ihm verbunden. Ich vergab ihm und
wünschte ihm ein frohes Fest. Wow!« Und ich sagte: »Dies ist
der heilige Augenblick, mein Freund. Es steht dir jederzeit offen,
ihn zu erleben.«

Schritt 3: Schnelle Rückkehr
Der heilige Augenblick steht uns allen offen. Es ist einzig eine
Frage der Entscheidung. Je öfter wir üben, ihn zu erleben, desto
schneller kehren wir zur Liebe zurück.

LEKTION DES UNIVERSUMS: In deinem Glück spiegelt sich
direkt wider, wie schnell du aus der Angst zurück in die Liebe
finden kannst.

Die Rede ist von dem, was ich als »Rückkehrgeschwindigkeit«
bezeichne. Wie schnell können wir zurück zur Liebe finden?
Die Welt unserer Wahrnehmung bietet unzählige Gelegenheiten, uns von der Liebe abzukehren. Wir brauchen nur die Nach-

richten einzuschalten, durch eine überfüllte Unterführung zu laufen oder in einen Verkehrsstau zu geraten, und schon haben wir das Gefühl, in Negativität und Angst zu versacken. Das Geheimnis besteht nicht darin, wie gut es uns gelingt, der Angst aus dem Weg zu gehen. Es liegt vielmehr darin, wie schnell wir zur Liebe zurückfinden.

Vergiss nicht: Das Ziel ist nicht, die Angst zu meiden. Die Angst wird niemals völlig verschwinden, und wenn du deine Energie darauf verwendest, ihr aus dem Weg zu gehen, verpasst du die Möglichkeit, den heiligen Augenblick zu erleben. Das Ziel ist vielmehr, nicht an die Angst zu glauben.

Entschließe dich, den heiligen Augenblick zu üben. Wann immer du merkst, dass du in einer angstbasierten Geschichte feststeckst, sprich das Gebet:

Danke, Universum, dass du mir Führung schenkst,
um diese Angst mit den Augen des Lehrers der Liebe
zu betrachten.

Wann immer wir unsere Gedanken auf die Liebe richten, spüren wir, wie das Universum hinter uns steht. Verschieben wir unsere Wahrnehmung von der Angst weg, ist es wichtig, eine klare Vorstellung von der Welt zu haben, die wir sehen möchten. Viele Leute haben hiermit Probleme, denn obwohl sie bereit sind, ihre Angst loszulassen, ist tief in ihnen das Gefühl verankert, Liebe nicht zu verdienen. Diese innere Haltung hindert sie daran, in Fluss zu kommen.

In jeder Situation liegt es immer wieder neu an uns, zu entscheiden: Wollen wir durch die Angst oder durch die Liebe lernen?

LEKTION DES UNIVERSUMS: Das Universum reagiert immer auf die Energie hinter deinen Überzeugungen.

Schritt 4: Gib nach außen, was du empfangen möchtest.

Unsere Energie vermittelt eine bestimmte Botschaft, und diese wird immer unterstützt. Wenn wir auf ein Glaubenssystem der Angst ausgerichtet sind, werden unsere Erfahrungen von der Angst genährt. Programmieren wir uns um und entscheiden uns stattdessen für die Liebe, zeigt sich uns das Leben durch deren Schauglas. Es ist nicht etwa so, dass sich etwas an unseren Erfahrungen selbst verändern würde; vielmehr ändert sich die Art und Weise, wie wir unsere Erfahrungen wahrnehmen.

Ein gutes Beispiel hierfür gibt dir eine junge Frau namens Samantha, die seit fünf Jahren für mich arbeitet. Sie ist eine hervorragende Lektorin und einer der großartigsten Menschen, die ich je beschäftigt habe. Sie macht nicht nur einen tollen Job, es ist auch einfach schön, mit ihr zusammenzuarbeiten. Im Laufe der Jahre sind wir richtig gute Freundinnen geworden. In diesem Jahr habe ich Samantha eine Riesenmenge Arbeit geschickt, und sie hat jeden Auftrag pünktlich erledigt. Nie hat sie irgendetwas übersehen. Das Eigenartige war nur, dass sie für die ganze Arbeit nie Geld von mir verlangt hat. Jeden Monat bat ich sie, mir endlich ihre Rechnung zu schreiben. Aber entweder sie ignorierte meine E-Mails oder sagte: »Ich mache das, wenn ich mal weniger zu tun habe.« Ich fühlte mich nicht wohl bei der Sache. Ihre Apathie und Zögerlichkeit, sich eine Bezahlung für ihre Arbeit zuzugestehen, und ihre Angst, sich der Fülle zu öffnen, waren für mich energetisch spürbar. Ich sagte nichts und vertraute darauf, dass das Universum sie schon führen und ihr eine wichtige Lektion erteilen würde.

Dann kam der Dezember. Das neue Jahr stand vor der Tür. Bei der Durchsicht meiner Buchführung stellte ich fest, dass ich ihr das ganze Jahr noch keinen Cent überwiesen hatte. Ich schrieb ihr sofort eine E-Mail: »Schwester, bitte lass mich deine Arbeit bezahlen!«

Diesmal kam die Antwort prompt: »Noch in dieser Woche schreibe ich dir WIRKLICH eine Rechnung. Das Universum hat mir eins über die Rübe gegeben und mir gezeigt, wie wichtig es ist, für den Geldeingang zu sorgen. Einige meiner Kunden haben sich richtig ordentlich Zeit mit dem Bezahlen gelassen (genauer gesagt, kam das Geld Monate, nachdem die Rechnung rausging), und ich musste schon fast aggressive Methoden anwenden, um das Geld einzutreiben. Ich betrachte das als ein Zeichen. Du bekommst deine Rechnung in dieser Woche.«

Ich schrieb zurück: »Ja, das ist ein Zeichen. Wenn du kein Geld von Kunden nimmst, die dich bezahlen wollen, sagst du dem Universum damit, dass du nicht wirklich bezahlt werden willst. Dann schnappen unzuverlässige Kunden den Impuls des Universums auf und verweigern dir die Zahlung. Es wird Zeit, dass du die Botschaft aussendest: ›Ich werde für meine groß-artige Arbeit bezahlt. Und ich bekomme mein Geld pünktlich.‹«

In ihrer abschließenden Mail schrieb sie: »Amen, Gabby. Ich musste wirklich erst eins übergebraten bekommen, um das zu begreifen.«

Samanthas Geschichte führt uns vor Augen, dass das, was wir an Energie nach außen geben, auch das ist, was zu uns zurück-kommt.

Nimm dir einen Augenblick Zeit, und überlege, wohin du deine Energie lenkst. Projizierst du eine Haltung von Apathie, Stress, Neid oder Angst? Schau dir genau an, wie das, was du in den Fokus stellst, sich in dem widerspiegelt, was du empfängst.

Ich hoffe, diese Lektion hilft dir, dir die Botschaften bewusst zu machen, die du ans Universum sendest, bevor sie zum Problem werden. Was würde passieren, wenn du deine Muster ändern könntest, bevor das Universum dir »eins über die Rübe gibt«, um dir diesen Sachverhalt klarzumachen? Wie wäre es, wenn du deine Energie verschiebst, bevor das Geld weg oder die Ehe gescheitert ist oder die Sucht dich in die Knie gezwungen hat? Warum wartest du noch? Wenn du dich entschließt, die Welt aus der Liebe heraus wahrzunehmen, kannst du dein Leben von Grund auf neu ordnen. Wenn du dir diese Wahrheit zu eigen machst, kannst du dir Jahre des qualvollen Dramas und Leids ersparen.

Am besten, wir fangen sofort an. Willst du durch Liebe lernen oder durch Angst? In der nächsten Lektion wirst du dich mit einer Absichtserklärung der Liebe des Universums verpflichten.

Schritt 5: Gib eine Absichtserklärung ab.

Bei diesem Schritt geht es darum, eine Mitteilung ans Universum zu schreiben. Du bringst damit einen heiligen Vertrag zu Papier und sendest die klare Botschaft aus, dass du bereit bist, deine Angst aufzugeben und der Liebe die Führung zu überlassen. Mach es! Es ist ein wichtiges Signal der Hingabe. Den Lernprozess selbst kannst du nicht stoppen, wenn du aber in die Liebe gehst, macht er deutlich mehr Spaß. Das Ziel ist, durch Liebe zu lernen.

Bist du bereit, dich zum Lernen durch Liebe zu verpflichten, teile dem Universum diese Absicht mit. Schreib sie jetzt auf ein Blatt Papier oder in dein Tagebuch:

Ich bin bereit, durch Liebe zu lernen.

Wenn du dich auf diese Weise gegenüber dem Universum verpflichtest, pass auf, dass du nicht von einer hinterlistigen, angstbasierten Geschichte auf den alten Pfad zurückgelockt wirst – die Geschichte, dass Schmerz einen Zweck hat. Wir leben in einer Welt, die Drama, Terror, Trennung und Not fördert. Man hat uns eingetrichtert, dass es schon wehtun muss, wenn wir etwas schaffen oder erreichen wollen. Ich bin hier, um jetzt mit diesem Mythos aufzuräumen. Schmerz hat keinen Zweck. Du sollst Freude empfinden und ein sorgloses Dasein führen. Du sollst dich der Liebe des Universums hingeben, um ein glückliches Leben zu haben. Strebe nach Liebe, und dein Leben wird sich jetzt, in diesem Augenblick, radikal verändern.

Arbeite täglich mit deiner neuen Absichtserklärung. Wenn du aufwachst, sage: *Ich bin bereit, durch Liebe zu lernen*. Wenn dir eine schwierige Situation begegnet oder ein negativer Gedanke in dir aufsteigt, sage einfach: *Ich bin bereit, durch Liebe zu lernen*. Lass diesen Satz zu deinem Mantra werden.

Jedes Mal, wenn du das Universum einlädst, deine Angst neu zu interpretieren und in Liebe zu verwandeln, erlebst du den heiligen Augenblick. Geh immer wieder in den heiligen Augenblick, sodass sich deine Wahrnehmungen mehr und mehr zur Liebe hinzuwenden beginnen. Jedes Wort, das wir sagen, und jedes Bild, das wir sehen, symbolisiert entweder Liebe oder Angst. Wenn die Symbole, die wir wählen, allesamt die Schwingung der Liebe in sich tragen, fühlen wir uns im Leben viel mehr unterstützt. Übernimm die Verantwortung für die von dir gewählten Symbole, und mach dir klar, was du sehen möchtest.

Schritt 6: Du bist der Gestalter deines Traums.
Du bist der Gestalter des Traums, der dein Leben ist. Mitunter mag sich dein Traum wie ein Albtraum anfühlen, wenn du dich

von der Liebe des Universums abgeschnitten hast und dich stattdessen mit der Angst der Welt identifizierst. Vertraust du auf
die spirituelle Führung des Universums, wirst du jedoch aus
dem Albtraum heraus in einen glücklichen Traum geführt – in
einen Traum von neuen Wahrnehmungen, in denen sich das
spiegelt, was du bist: Liebe.

Gib dir jetzt, in diesem heiligen Augenblick, Gelegenheit
zu einer Übung im Erschaffen von Bildern. Mit den Bildern,
auf die du dich fokussierst, schaffst du dir den Traum, der dein
Leben ist. Darum ist diese Übung so wichtig. Sie hilft dir, zu
begreifen, dass das Universum hinter dir steht.

LEKTION DES UNIVERSUMS:
Erschaffe Visionen der Welt, die du sehen möchtest.

In *Ein Kurs in Wundern* heißt es:

> »Der Geist ist sehr machtvoll und büßt seine schöpfe-
> rische Kraft nie ein. Er schläft nie. Jeden Augenblick
> erschafft er. Es ist schwer zu begreifen, dass Gedanke
> und Glaube sich miteinander zu einer Kraftwoge
> verbinden, die buchstäblich Berge versetzen kann.«

Du musst lernen, deinen Geist so zu trainieren, dass er seine
schöpferische Kraft aus der Liebe und nicht aus der Angst be-
zieht. Ich zeige dir, wie du dies üben kannst:

Fang die Übung im Bildermachen damit an, dir die folgende einfache Frage zu beantworten: Was möchtest du sehen?
Du brauchst dich nicht dafür zu rechtfertigen, welche Antwort
dir einfällt. Vielleicht möchtest du eine Welt sehen, in der es
keine Kriege gibt. Vielleicht möchtest du dich in einem wilden
Liebesabenteuer sehen. Vielleicht möchtest du dich in einem

Leben sehen, das frei von jeglicher Angst ist. Erschaffe dir die Bilder, nach denen du dich am meisten sehnst.

Schreib deine Antwort jetzt auf. Was möchtest du sehen?

Dann lies dir deine Antwort noch einmal durch, bevor du die Augen schließt und fünf Minuten in die Stille gehst.

Arbeite für deine anschließende Meditation mit dem unten stehenden Text.

Meditation »Bilder machen«:

Setz dich aufrecht hin. Deine Hände ruhen auf deinen Oberschenkeln, deine Handflächen weisen nach oben. Wenn du in einer natürlichen aufrechten (nicht steifen) Haltung sitzt, wirst du zum Kanal für den Empfang von positiver Energie.

Schließ deine Augen, und wende deine Aufmerksamkeit nach innen.

Lass deinen inneren Geist (deine Inspiration) hervortreten, und gib dich den Bildern hin, die du sehen möchtest.

Lass die Weisheit in dir Bilder erschaffen, und schau zu, wie sie vor deinem geistigen Auge Gestalt annehmen.

Gib dich jetzt dieser Weisheit hin.

Atme tief durch die Nase ein und durch den Mund wieder aus.

Gib dich mit jedem Einatem und jedem Ausatem tiefer den Visionen hin, die du sehen möchtest.

Richte deine Aufmerksamkeit bewusst auf sie.

Lass dich von den Visionen dessen, was du dir wünschst, auf den Weg zu neuen Wahrnehmungen führen.

Bleib sitzen, solange du magst.

Wenn du bereit bist, kehre allmählich aus deiner Meditation zurück, und nimm dir einen Augenblick Zeit, etwaige Bilder festzuhalten, die dir gezeigt worden sind. Vielleicht ist das, was du sehen möchtest, ein neugeborenes Baby, und du hast in deiner Meditation die Augen eines Kindes gesehen. Oder vielleicht sehnst du dich nach einer Liebesbeziehung, und in der Stille hast du dich in inniger Umarmung mit deinem Geliebten gesehen. Möglicherweise waren deine Bilder auch deutlich weniger konkret, und es braucht etwas Zeit, bis du begreifst, welche Botschaft sich darin verbirgt.

LEKTION DES UNIVERSUMS: Die Visionen, die du in der Stille siehst, bieten dir eine ausgezeichnete Orientierungshilfe und schenken dir die Gewissheit, vom Universum getragen zu sein.

Solltest du keine Bilder gesehen haben, hast du vielleicht eine emotionale Reaktion oder energetische Verschiebung gespürt. Was es auch sein mag, schreib es auf.

Diese Übung ist der Anfang, um die Tür zu deiner energetischen Zusammenarbeit mit dem Universum zu öffnen. Gibst du dich demütig durch Gebet und Meditation hin, wirst du in den Genuss von Führung kommen, die weit über den Raum hinausreicht, den dein physischer Körper einnimmt. Oft spürst du dann eine Gegenwart in dir und um dich herum, die deine Gedanken und Gefühle lenkt. Hab keine Angst, tief in die unendlichen Wasser der inneren Weisheit einzutauchen, zu denen du nun Zugang hast. Öffne dein Herz und deinen Geist für neue Wahrnehmungen. Gib dich dem Strom der Liebe hin, der dich auf allen Wegen leitet. Und, was am wichtigsten ist: Gestehe dir das Recht zu, glücklich zu sein. Du darfst dich entfalten, dein Strahlen zeigen und Erfolg haben. Mach dir selbst das Geschenk, deinen Geist für eine Welt jenseits von allem zu öffnen, an das zu glauben man dich gelehrt hat. Eine Welt der unbegrenzten Möglichkeiten. Eine Welt der Liebe.

Jetzt, in diesem Augenblick, steht es dir frei, alle Kleinlichkeit loszulassen, dich für den Lehrer der Liebe zu entscheiden und zu wählen, was du dir wünschst. In diesem Moment kannst du die Verschiebung erleben, die du dir ersehnt hast.

Mach die Liebe jeden Augenblick aufs Neue zu deiner ersten Priorität. Ich weiß, du denkst jetzt vielleicht: *Das mag alles gut und schön sein, aber was ist, wenn mein Chef ein Idiot ist oder ich grauenhafte Angst bekomme, wenn ich mir die Nachrichten im Fernsehen anschaue?* Meine Antwort darauf lautet: Nimm in der Dunkelheit eine Taschenlampe zur Hand.

Die in diesem Kapitel beschriebenen Schritte sind wie Taschenlampen. Du kannst dir jederzeit Licht machen. Es ist allein eine Frage der inneren Ausrichtung.

Fassen wir die wichtigsten Punkte dieses Kapitels noch einmal zusammen:

> Entscheide dich für den Lehrer der Liebe. Mach dir den Wunsch zu eigen, dass du lieber durch die Liebe lernen möchtest.

> Übe den heiligen Augenblick, und bete, durch den Lehrer der Liebe statt durch den Lehrer der Angst zu lernen.

> Schnelle Rückkehr: Denk daran, dass sich in deinem Glück unmittelbar widerspiegelt, wie schnell du von der Angst in die Liebe zurückwechseln kannst.

> Richte deine Gedanken auf die Liebe aus. Das Universum reagiert immer auf die Energie hinter deinen Überzeugungen.

> Halte dich an deine Absichtserklärung: *Ich bin bereit, durch Liebe zu lernen.*

> Du bist der Gestalter deines Traums. Erschaffe dir Visionen der Welt, so, wie du sie sehen willst.

Beherzige diese Schritte, während wir unsere gemeinsame Reise fortsetzen. Jedes Kapitel baut auf dem vorhergehenden auf. Jede Lektion, die du lernst, hilft dir bei dem, was als Nächstes folgt. Je mehr du dir diese Lektionen zu eigen machst, desto mehr Spaß macht dir die Arbeit mit diesem Buch. Du kannst dich entscheiden, mit Freude zu lernen. Lass uns damit anfangen!

In Kapitel 3 helfe ich dir, zu verstehen, wie dir das Universum laufend Aufgaben stellt, um deine angstbasierten Gedanken und Bilder zu heilen. Es liegt an dir, dich diesen Aufgaben zu stellen. Wenn du es tust, kann echte Heilung geschehen.

KAPITEL 3

DU WIRST IMMER GEFÜHRT. SELBST WENN ES SICH NICHT IMMER SO ANFÜHLT.

Während deiner Reise durch die Kapitel dieses Buchs ist es hilfreich, dir immer wieder vor Augen zu führen, dass die Welt deine Schule und andere Menschen deine Lernaufgaben sind. Bei allen Erfahrungen, die über die Kinoleinwand deines Lebens flimmern, hast du die Wahl zwischen zwei Möglichkeiten: Entweder du lernst durch die Wahrnehmung von Liebe, oder du lernst durch die Wahrnehmung von Angst. Jeder Moment ist eine heilige Begegnung und stellt dir eine göttliche, spirituelle Aufgabe, bei der du entscheiden kannst, ob du Heilung erfahren oder in den Fesseln deiner Vergangenheit verharren willst. Wenn du dich dazu entschließt, dich den Aufgaben des Universums zu stellen, und bereit zur Heilung bist, können dir Wunder gegeben werden. Verweigerst du dich ihnen hingegen, bleibst du in den Geschichten und Erfahrungen hängen, die dir nicht guttun.

Ein gutes Beispiel hierfür liefert mein Freund Lance. Während seiner Kindheit hat er die angstbasierte Geschichte verinnerlicht, nicht clever genug zu sein. Solange er zurückdenken konnte, hatte er versucht, diese Angst im Zaum zu halten, indem er die unangenehmen Gefühle mit Alkohol, wechselnden Beziehungen, zu viel Arbeit und allen möglichen anderen süchtigen Verhaltensweisen betäubte. Seine Ängste auf diese Weise zu verdrängen brachte ihn jedoch nicht weiter.

Mit Anfang dreißig gestand Lance sich seine Vermeidungshaltung schließlich ein, und er fasste den festen Entschluss, keinen Alkohol mehr anzurühren und sich auf den Pfad zur Heilung zu begeben.

Ich traf Lance am Anfang dieses Prozesses, und wir wurden gute Freunde. Ich selbst war zu diesem Zeitpunkt beinahe zehn Jahre clean und mir sehr bewusst, auf welch vielfältige Weise Ängste in der ersten Phase des Entzugs eine Rolle spielen. So war es mir möglich, Lance zu begleiten, und ich konnte ihm helfen zu erkennen, welche Lektionen des Universums sich hinter seinen unangenehmen Gefühlen verbargen.

Zwei Jahre, nachdem Lance dem Alkohol abgeschworen hatte, lernte er eine tolle Frau kennen. Sie war einfach großartig! Sie ging gut mit ihm um und respektierte ihn. Das Interessanteste an ihr war jedoch, dass sie mit ihrem Sinn für Humor alle seine Unsicherheiten auslöste. Sie zog ihn laufend damit auf, weltpolitisch nicht auf der Höhe der Zeit zu sein oder es noch nicht einmal fertigzubringen, das simpelste Rezept nachzukochen. Mit ihrem scherzhaften Geplänkel, wie es unter Liebenden gang und gäbe ist, drückte sie bei Lance alle erdenklichen Knöpfe. Obwohl seine Freundin ihn nur auf die Schippe nahm und Spaß machte, ließen ihre Witzeleien Lances' alte Angstgeschichte wiederaufleben, nicht clever genug zu sein. Er projizierte sie auf die neue Situation, das heißt, er entschied sich dafür, das Ganze durch die Brille der Angst und nicht der Liebe zu betrachten.

Als er sich ratsuchend an mich wandte, war er tief verletzt und ziemlich aufgewühlt. Er sagte: »Ich muss mich einfach von ihr trennen. Ich genüge ihr offenbar nicht. Sie hat jemanden verdient, der klüger ist als ich.« Ich unterbrach ihn, um ihn zur spirituellen Sicht der Dinge zurückzuführen. »Stopp. Du redest dummes Zeug! Du projizierst deine alte Angstgeschichte auf eine völlig harmlose Situation!« Innerhalb weniger Minuten erkannte er daraufhin, wie er seine Angstwahrnehmung auf seine neue Freundin projiziert hatte.

Ich wies Lance darauf hin, welch wunderbare Lernaufgabe das Universum in der Person seiner Freundin an ihn herantrug, damit er sich diese Angst anschauen konnte. Dass er die Frau kennengelernt hatte, war kein Zufall! Sie trat dem göttlichen Plan folgend just in dem Augenblick in sein Leben, als er bereit war, seine alten Wunden auszuheilen und ein für alle Mal zu überwinden. Mit seiner Selbstverpflichtung, keinen Alkohol mehr anzurühren, hatte er dem Universum die Botschaft gesandt, dass er sich in diesem Leben etwas ganz Großes vorgenommen hatte und seinen Glauben an die Liebe wiederherstellen wollte. Unbewusst, so erklärte ich ihm, habe er um Heilung auf einer tieferen Ebene gebeten, und das Universum gab ihm Gelegenheit dazu, indem es ihm eine Frau schickte, die liebevoll all seine Knöpfe drückte und ihn auf diese Weise zwang, seiner Angst endlich ins Auge zu schauen.

Lance wehrte sich zunächst gegen diese Vorstellung. »Das tut mir einfach zu weh. Ich kann mich damit nicht konfrontieren«, sagte er. »Sie hat einen Besseren verdient.« Ich fragte: »Bist du bereit, glücklich und frei zu sein?« Er sagte: »Ja, natürlich.« Ich antwortete: »Dann stellst du dich der Aufgabe am besten jetzt. Tust du es nicht, begegnet sie dir doch laufend in jeder neuen Partnerin wieder.« Lance beherzigte meinen Rat und hielt sich an die Schritte, die ich ihm vorschlug, um sich seiner Lernaufgabe zu stellen.

Wahrscheinlich hält das Universum auch für dich eine solche Aufgabe bereit. Es könnte eine Angstgeschichte aus der Vergangenheit sein, die du auf die Gegenwart projizierst. Vielleicht ergeht es dir auch wie Lance, und du merkst noch nicht einmal, dass es irgendetwas zu konfrontieren gibt. Womöglich glaubst du einfach nur, dass du das Opfer der Welt bist, die du siehst, und dass dir die Hände gebunden sind. Diesen Mythos fege ich hier und jetzt vom Tisch! Du bist *kein* Opfer, und du *kannst* glücklich und frei sein. Wenn du bereit bist, dich auf den Weg in die Freiheit zu machen, wird es Zeit, dich der Aufgabe des Universums zu stellen.

LEKTION DES UNIVERSUMS: Die Welt ist deine Schule, und Menschen sind deine Lernaufgaben.

Im Folgenden findest du eine Beschreibung der Schritte, wie ich sie Lance vorgeschlagen habe. Sie sind der Einstieg in den Prozess und helfen dir, die Aufgaben zu erledigen, die das Universum dir stellt.

Schritt 1: Erkenne deine Lernaufgabe, und nenne sie beim Namen.

Der erste Schritt besteht darin, dir klarzumachen, dass das, was du als furchtbar unbequeme Situation wahrnimmst, in Wirklichkeit eine Aufgabe des Universums ist. Mit anderen Worten: Erkenne deine Verrücktheit, und nenne sie beim Namen – Angst. Dann akzeptiere, dass sich in dieser Angst, die dir begegnet, eine göttliche Aufgabe mit der Chance zu Heilung und Wachstum verbirgt.

Schau dir die Situation, unter der du leidest, genau und ehrlich an, und analysiere, auf welch vielfältige Weise die betreffende Person oder der Umstand deine angstbasierten Überzeugungen auf den Plan ruft. Würdige deine Stärke, dir dies anzuschauen, statt davonzulaufen. Sei stolz auf dich, dass du das Ganze als Lernaufgabe betrachtest.

Ohne die Bereitschaft, dich deiner Aufgabe zu stellen, hättest du dieses Buch nicht in die Hand genommen. Vertraue darauf! Mit der Entscheidung, es zu lesen, hast du unbewusst einen heiligen Vertrag unterschrieben und dem Universum mitgeteilt, dass du dir etwas Großes vorgenommen hast und bereit bist, heil und frei zu sein.

Schritt 2: Akzeptiere, dass du der Lernaufgabe nicht aus dem Weg gehen kannst.

Bei diesem zweiten Schritt geht es darum, zu akzeptieren, dass du Lernaufgaben nicht vermeiden kannst – du kannst sie lediglich aufschieben. Nimmst du sie heute nicht an, begegnen sie dir in neuen Beziehungen und Erfahrungen laufend wieder. Erledigst du sie nicht, werden sie dir immer wieder neu gestellt.

Du hast zwei Möglichkeiten. Eine davon ist, dich für die Angst zu entscheiden, nach dem Motto »Sch… auf alles, ich hau ab!« Manchmal mag sich das sicherer anfühlen. Aber glaub mir, das ist es nicht. Vor der Angst wegzulaufen ist, als würdest du auf einem Rundparcours im Kreis laufen. Du kommst so lange immer und immer wieder an derselben Stelle vorbei, bis du es endlich begreifst.

Statt also der Angst zu folgen, rate ich dir, dich deiner Aufgabe freiwillig zu stellen. Sei bereit, sie ein für alle Mal zu erledigen. Und vertraue darauf, dass das Universum dir nie Aufgaben stellt, die du nicht meistern kannst.

Schritt 3: Würdige deine Gefühle.

Dich einer Lernaufgabe des Universums zu stellen verlangt dir die Bereitschaft ab, den dahinterstehenden Schmerz zu spüren. Nur so kann die Vergangenheit heilen. Leute, die sich auf dem spirituellen Weg befinden, neigen dazu, diesen unglaublich wichtigen Schritt zu übergehen. Die Versuchung ist groß, unsere Angst mit Affirmationen zuzuschütten oder sie einfach wegzuwünschen. Aber unter all unseren schwierigen Erfahrungen verbergen sich unausgedrückte Gefühle von Wut, Abwehr und Angst.

Der Prozess der Heilung von lang anhaltendem Leid beginnt in dem Augenblick, in dem du sein Vorhandensein anerkennst. Gestehe dir zu, deinen Zorn, deine Wut und deine verborgene Abwehr zu spüren. In Kapitel 2 haben wir uns damit befasst, wie wir unsere Geschichten auf unser Leben projizieren. Nimm dir nun etwas Zeit, um die Gefühle zu würdigen, die hinter diesen Geschichten stecken. Hinter all deinen angstbasierten Projektionen liegen tiefe, verborgene Wunden, an die du nicht rührst, aus Angst, den alten Schmerz wieder zu spüren. Statt es so weit kommen zu lassen, projizierst du ihn auf andere Menschen, die äußeren Umständen oder sogar deinen physischen Körper. Die Angstseite deines Geists tut alles Mögliche, um dich von diesem Gefühl des Schmerzes abzulenken – denn in dem Augenblick, in dem du ihn zu spüren beginnst, fängst du zu heilen an.

Wir halten aus Gewohnheit an der Angst fest. Wir meinen, es sei sicherer, uns unseren unbequemen Gefühlen nicht zu stellen. Aber wir können es zu noch so großer Meisterschaft darin bringen, ihnen aus dem Weg zu gehen – was wir unterdrücken, bleibt da. Es mag grauenhaft erscheinen, uns mit unseren tiefsten Verletzungen zu konfrontieren, doch als Lohn winkt immer die Freiheit.

Wenn du anfängst, im Leben einen Gang zurückzuschalten und dich spirituell zu öffnen, wirst du dir zunehmend bewusst, wie sehr du dich gegen echte Heilung wehrst. Vielleicht erkennst du, wie du deine Gefühle mit diversen Süchten überdeckst oder dich total überdreht durchs Leben bewegst, sodass dir nie Zeit zum Hinspüren bleibt – alles unbewusste Formen von Abwehr!

Echte Heilung geschieht, wenn du dir die Erlaubnis gibst, zu spüren, welche Gefühle sich hinter den Auslösern deiner Muster verbergen. Statt deine Beziehung zu beenden, deinen Job hinzuschmeißen oder deinen Lernaufgaben auf andere Weise aus dem Weg zu gehen, stell dich ihnen voll und ganz, indem du dir zugestehst, all deinen Schmerz und deine Wut zu spüren.

Wenn du merkst, dass in der Begegnung mit einer deiner Lernaufgaben ein altes Muster ausgelöst wird, atme in den Schmerz hinein. Spürst du den Schmerz, kann er durch dich hindurchfließen, und das nimmt ihm die Macht. Ihn zu spüren heißt, ihn nicht länger fürchten zu müssen. Statt dir etwas vorzumachen oder deine ganze Energie darauf zu verwenden, ihn zu vermeiden, kannst du ihn einfach spüren. Und damit stellst du dich der Aufgabe des Universums, sodass das Muster ein für alle Mal ausheilen kann.

Wenn du tiefer in diese Arbeit einsteigst, könnten Gefühle oder Erinnerungen in dir auftauchen, mit denen du nicht umzugehen weißt. Traumatische Erinnerungen oder Empfindungen können an die Oberfläche dringen, wenn du stark in deine Gefühle gehst. Achte auf dich! Solltest du dich an irgendeiner Stelle überfordert fühlen, zögere nicht, dir therapeutischen Beistand zu suchen.

Wenn du dich sicher genug fühlst, dir deine Gefühle anzuschauen, kannst du die folgende einfache Meditation machen.

Setz dich an einen sicheren, bequemen Platz, an dem du ungestört sein kannst.
Atme ein, und spüre nach, wo in deinem Körper der Schmerz, die Wut, Abwehr und Angst sitzen. Dann leg deine Hände auf

diese Stelle, und lass deine Energie und Aufmerksamkeit dorthin fließen.

Atme langsam und tief zu dieser Stelle hin, und gestehe dir zu, den physischen und emotionalen Schmerz zu spüren, der sich dort festgesetzt hat.

Atme weiter tief in den Schmerz und die unangenehmen Gefühle hinein. Sei liebevoll und sanft mit dir selbst, während du tief in diese Gefühle hineinspürst.

Lass mit jedem Ausatem den Schmerz los.

In dem Maße, wie du tief in die unangenehmen Gefühle hineinatmest, wirst du spüren, wie sie sich auflösen. Die Anspannung darf aus deinem Körper weichen, und du entspannst dich allmählich.

Fahre so lang mit dieser Übung fort, bis sich ein Gefühl der Erleichterung einstellt.

Sobald du merkst, dass sich die Anspannung löst, atme tief ein und mit einem erleichterten Seufzen wieder aus.

Fahre mit dieser Art zu atmen eine Minute lang fort.

Dann atme einmal tief zu der Stelle in deinem Körper hin, wo du den Schmerz empfindest. Halte den Atem einen Moment lang an, und drücke mit den Händen sanft auf diese Stelle. Stell dir vor, wie sich dort eine Kugel aus goldenem Licht verströmt. Lass das Bild dann mit dem Ausatem los.

Atme noch einmal tief ein, und entlasse dann auch den Atem aus deiner Aufmerksamkeit.

Wenn du bereit bist, öffne die Augen.

Diese Meditation kann dir ein Gefühl von nie da gewesener Freiheit vermitteln und dir helfen, dich der Lernaufgabe des Universums gelassener zu stellen. Mach sie täglich, vielleicht sogar mehrmals, damit du deinen Schmerz und deine unangenehmen Gefühle leichter annehmen kannst. Es ist gut möglich, dass sie dir mit der Zeit so zur Gewohnheit wird, dass du nur eine oder zwei Minuten in die Stille zu gehen brauchst, um in dich hineinzuspüren und den Zorn, die Wut und den Schmerz zu lindern, die du im Verborgenen in dir trägst.

Schritt 4: Hab Mitgefühl.

Sobald du auf diese Weise in Kontakt mit deinen Gefühlen kommst, wirst du wahrscheinlich merken, wie du in einen inneren Frieden findest, der dich aus den Fängen der Angst befreit. Der nächste Schritt ist, ins Mitgefühl zu gehen. Um alte Wunden zu heilen, musst du dir selbst Anerkennung geben für all das, was du durchgemacht hast, dir deine alte Konditionierung eingestehen und dich selbst in den Frieden »zurücklieben«. Mitgefühl ist das Gegenmittel bei Wut, Abwehr und Angst. Es gibt dir die Erlaubnis, loszulassen, sodass du tief im Innern heil werden kannst.

Ins Mitgefühl zu gehen beginnt mit einem Selbstgespräch. Wie würdest du mit einem unschuldigen Kind reden, das gerade eine schlimme Situation hinter sich hat? Denk an die tröstenden Worte, die du ihm sagen, und die Energie, die du ihm schenken würdest. Dann wende dich dir selbst auf ebendiese liebevolle Weise zu.

Nimm dir einen Moment Zeit, um aufzuschreiben, wie du deinen Trost formulieren könntest. Notiere dir ein paar Varianten. Wenn ich selbst zum Beispiel merke, dass ich in einer Lektion des Universums feststecke, spüre ich in meine Wut und meinen Ärger hinein. Nehmen wir an, ich würde dabei feststellen, dass der Ärger aus dem Gefühl der eigenen Unzulänglichkeit entsteht; hinter meiner Angst stünde die Überzeugung, nicht liebenswert zu sein. Sobald ich mir diese Gefühle bewusst gemacht habe, gehe ich ins Mitgefühl und führe mich zur Selbstliebe zurück, etwa indem ich mir sage: »Gabby, jetzt bist du wieder in dieses alte Glaubenssystem hineingerutscht. Diese Geschichten tun furchtbar weh, und ich würdige deine Gefühle. Es ist schwer, dies alles durchzumachen, ich weiß. Ich fühle in dieser Situation so mit dir! Aber es kann dir nichts Schlimmes passieren, wenn du diese Gefühle zulässt. Ich liebe dich.«

Diese Worte können mich augenblicklich in einen Zustand der inneren Ruhe versetzen. Es handelt sich um eine Übung in Selbsttröstung, Selbstliebe und Selbstmitgefühl.

LEKTION DES UNIVERSUMS: Der Weg zur Heilung öffnet sich, wenn du dich selbst so sehr liebst, dass die Finsternis der Vergangenheit keinen Bestand haben kann neben deinem Glauben an das Licht des gegenwärtigen Augenblicks.

Sobald du die Übung des Mitgefühls gemacht und dich liebevoll in die richtige Geisteshaltung zurückgeführt hast, bist du bereit, das Universum um Hilfe zu bitten.

Schritt 5: Vertraue auf das Universum.

Schritt 5 soll dir helfen, dich auf den Beistand und die Führung des Universums verlassen zu lernen. Vergiss nicht, dass das Universum dich nie vor irgendeine Aufgabe stellen würde, die du nicht meistern kannst. Wie schwierig sie dir auch vorkommen mag, du kannst Trost aus der Tatsache schöpfen, dass das Universum immer dein höchstes Wohl im Blick hat. Erkennst du das Universum als dein Unterstützungssystem an, verlässt du dich nicht mehr allein auf deine eigene Kraft, um deine Probleme zu lösen.

Es ist in Ordnung, wenn es ungewohnt für dich ist, dich auf das Universum zu verlassen. Jedes Kapitel dieses Buchs wird dir helfen, dein Vertrauen und deine Verbindung zu stärken. Nimm heute also deine neue vertrauensvolle Beziehung auf, indem du das Universum mit folgendem wunderschönem Gebet um Beistand bittest.

Danke, Universum, dass du mir diese göttliche Aufgabe gibst,
damit ich spirituell wachsen und heil werden kann.
Ich bin bereit, mich ihr mit Liebe zu stellen.
Ich heiße deine Unterstützung willkommen.
Zeig mir, wohin ich gehen, was ich tun und was ich sagen soll.
Ich vertraue darauf, geführt zu werden.

Schritt 6: Kehr vor deiner eigenen Haustür.
Sobald du deine Aufgabe angenommen und dich und deine Heilung dem Universum anvertraut hast, wirst du dich sofort leichter fühlen. Es ist ein befreiendes Gefühl, zu wissen, dass du damit den Prozess zur Überwindung deiner alten Muster begonnen hast. Je mehr du dich hingibst, desto mehr Vertrauen wirst du haben.

Was aber ist mit den Leuten, die in deiner angstbasierten Geschichte die Hauptrollen spielen? Im Fall von Lance etwa tappte seine Freundin völlig im Dunkeln, worum es überhaupt ging. Sie hatte keine Ahnung, warum er sich so aufregte. Als er sich seiner Lernaufgabe zu stellen begann, riet ich ihm, die Energie zwischen ihnen beiden zu heilen. Er tat dies, indem er sich zu seiner Angst bekannte und seiner Freundin erklärte, welche Aufgabe ihm in ihrer Person begegnete. Er sagte ihr, dass ihre Späße an seinen alten Wunden rührten, und entschuldigte sich für die Reaktionen, die das bei ihm auslöste. Diese Offenheit schuf sofort mehr Nähe zwischen ihnen.

Wir haben oft Angst, uns verletzlich zu zeigen, doch gerade in unserer Verletzlichkeit liegt eine ungeheure Kraft. Sie schafft echte Verbundenheit. Wenn du bereit bist, vor deiner eigenen Haustür zu kehren, sprich, deine Probleme in Ordnung zu bringen, statt den anderen zu kritisieren, fürchte dich nicht vor Verletzlichkeit. Nichts ist attraktiver als deine Authentizität.

Schritt 7: Heiße die Heilung willkommen.

Bei diesem letzten Schritt geht es darum, Heilung natürlich geschehen zu lassen. Du brauchst nichts als die Bereitschaft, deine Aufgabe anzunehmen, dich ihr zu stellen und um Heilung zu bitten. Während deiner laufenden Arbeit mit den Lektionen dieses Buchs wird sich dein Vertrauen in das Universum vertiefen, und du erhältst immer wieder Gelegenheiten, alte Gefühle loszulassen. Tritt einfach einen Schritt zurück, und überlass dem Universum die Führung. Du wirst staunen, welche Wunder dadurch möglich werden.

Das Universum erledigt für dich, was du selbst nicht erledigen kannst. Die größten Momente der Heilung in meinem Leben entstanden aus Erfahrungen, die mir vom Universum aufgetischt worden sind, und nicht aus irgendwelchen Taten, die ich selbst vollbracht habe. Das ist das Schöne am spirituellen Weg. Wenn du dich hingibst und dem Universum freie Hand lässt, kommst du in den Genuss von echter Heilung. In jedem Augenblick wirkt das Universum darauf hin, dich ins richtige Denken und in die Energie der Liebe zu bringen. Du brauchst nur zu entscheiden, ob du dich der Liebe oder der Angst zuwenden willst. Dieses ganze Buch ist eine Übung, die dich zur Liebe hinführt, sodass du irgendwann automatisch ihre Richtung einschlägst. Fang jetzt damit an, indem du dich deiner Aufgabe stellst und den hier beschriebenen Schritten folgst.

Zum Lohn dafür wirst du dich im Hinblick auf deine Lebensumstände nicht mehr machtlos fühlen und aufhören, dich als Opfer zu empfinden. Dein spiritueller Weg wird dir eine bislang unbekannte Kraft verleihen: die Kraft, die im Erleben von Hingabe liegt.

Der Gedanke, dich hinzugeben, mag dir zunächst Angst machen. Wenn es so sein sollte, ist das völlig normal. Mach es dir aber nicht unnötig schwer! Fang einfach damit an, dich der Tatsache hinzugeben, dass du bereit bist, die Lernaufgabe des Universums anzunehmen. Das ist ein sehr guter Ausgangspunkt.

Als Lance sich seiner Aufgabe stellte, war er auf einmal in der Lage, sich seiner Freundin gegenüber verletzlich und authentisch zu zeigen. Er befolgte die Schritte, löste sich damit aus dem Griff seiner alten Angst und überwand seine falschen Wahrnehmungen. Und obwohl die Beziehung am Ende doch nicht hielt und die beiden ihrer eigenen Wege gingen, war Lance nicht enttäuscht. Er wusste tief im Innern, dass diese Frau aus einem bestimmten Grund in sein Leben getreten war. Sie war vom göttlichen Plan exakt zu der Zeit zu ihm geschickt worden, als er bereit war, sich der Aufgabe des Universums zu stellen. Obwohl die beiden nicht zusammenblieben, war ihre Beziehung ein Wunder. Das Wunder lag nicht in einer lebenslangen Partnerschaft; es lag darin, dass Lance nicht länger vor seiner Aufgabe davonlief und so zu einer neuen Wahrnehmung von sich selbst und der Welt gelangte.

Auch für dich kann alles sehr viel leichter werden. Stellst du dich deiner Aufgabe, vertiefst du deine Beziehungen und stärkst dein Vertrauen in andere. Du lernst, dass es sicher ist, dich verletzlich zu zeigen. Du spürst, dass du dich nicht mehr vor deinem alten Schmerz zu verstecken brauchst, weil er keine Macht mehr über dich hat.

LEKTION DES UNIVERSUMS: Du kannst dich aus der Vergangenheit befreien, wenn du dich in der Gegenwart deinen Aufgaben stellst.

Sich mit den eigenen Ängsten zu konfrontieren und sich seinen Aufgaben zu stellen kann ziemlich furchteinflößend sein. Die innere Angststimme hat sich wahrscheinlich dein ganzes Leben lang extrem in den Vordergrund gespielt. Auf vielfältige Weise hast du verinnerlicht, dass die Angst dazu da ist, um dich »sicher« fühlen zu können. Gleichzeitig hat sie dir jedoch das Gefühl vermittelt, von anderen und der Liebe getrennt zu sein. Darum können in diesem Prozess viele unbequeme Emotionen ans Licht kommen. Heiße sie willkommen! Um wirklich heil zu werden, musst du dich ihnen ohne Wenn und Aber stellen. Wage den Sprung, und hab Vertrauen in das, was sich entwickeln wird!

Ich kann bezeugen, dass du in dem Augenblick frei bist, in dem du dich den Aufgaben des Universums stellst. Wann immer ich bereit war das zu tun, habe ich die großartigsten Momente von Heilung, Ganzwerdung und spirituellem Wachstum erlebt. Wenn du noch nicht so weit bist, dich deiner Aufgabe zu stellen, ist auch das in Ordnung. Du kannst bei deiner Arbeit mit diesem Buch jederzeit zu diesem Kapitel zurückkehren, um den Weg doch noch zu gehen. Deine Bereitschaft ist entscheidend, um diese wichtige Wahrnehmungsverschiebung zu bewirken. Fassen wir die Schritte zur Lösung deiner Lernaufgaben noch einmal zusammen:

> Erkenne deine Lernaufgabe, und nenne sie beim Namen.
> Akzeptiere, dass du deiner Aufgabe nicht aus dem Weg gehen kannst, und stell dich ihr freiwillig. Mit deiner Bereitschaft eröffnest du dir den Weg.

> Spüre in die Gefühle hinein, die hinter deinem alten Schmerz stehen.
> Geh ins Mitgefühl, um auf dem Weg voranzuschreiten.
> Bitte das Universum um Hilfe, und vertraue auf eine Macht, die größer ist als du.
> Kehr vor deiner eigenen Haustür, und übernimm die Verantwortung für deinen Anteil an der Situation.
> Heiße die Heilung willkommen, und erwarte Wunder.

In Kapitel 4 führe ich dich in der Hingabe an das Universum noch einen Schritt weiter. Ich helfe dir zu verstehen, wie sich deine Bilder, Gedanken und Wahrnehmungen auf deine Energie auswirken, und zeige dir Möglichkeiten auf, um deine energetische Präsenz zu stärken. Bleib offen und empfänglich und genieße jeden Schritt dieser wunderbaren Reise, die wir gemeinsam unternehmen.

KAPITEL 4

DEINE AUSSTRAHLUNG SPRICHT LAUTER ALS DEINE STIMME

In den ersten Kapiteln dieses Buchs haben wir uns damit befasst, wie wir uns mit unseren inneren Geschichten und Vorstellungen die eigene Realität erschaffen. Dieses Verständnis möchte ich nun mit dir vertiefen und schauen, wie sich die von dir projizierten Gedanken und Worte auf dein Energiefeld auswirken – und wie dieses Energiefeld dein Leben beeinflusst. In *Ein Kurs in Wundern* heißt es:

> »Es gibt keine nichtigen Gedanken. Alles Denken
> bringt Form auf irgendeiner Ebene hervor.«

Wenn wir positive, liebevolle Gedanken denken und aufbauende Worte von uns geben, fühlen wir uns gut. Konzentrieren wir uns in unseren Gedanken und Worten hingegen auf Mangel, Urteile und Getrenntheit, fühlen wir uns furchtbar. Unsere Gedanken und Worte nehmen Einfluss auf unser Nervensystem, unsere Energie, ja die gesamte Art und Weise, wie wir unser Leben erfahren.

Achte von nun an ganz genau darauf, wie deine Gedanken und Worte deine Energie bestimmen. Deine Energie ist deine wichtigste Kraftquelle. Sendest du eine hoch schwingende, liebevolle Energie aus, wird dir auch eine hoch schwingende, liebevolle Energie zurückgespiegelt. Begibst du dich hingegen auf eine niedrige Schwingungsebene, bewegen sich auch die Energie und Erfahrungen, die du zurückbekommst, auf dieser niedrigen Schwingungsebene. Deine Kraft liegt also in deiner Fähigkeit, deine Energie jederzeit so einzustellen, dass du mit größtmöglicher Wahrscheinlichkeit hoch schwingende, liebevolle Energie empfängst.

Yogi Bhajan, der Yoga-Meister, der die Kundalini-Lehre in den Westen brachte, hat einmal gesagt: »Wenn deine Gegenwart nichts bewirkt, bewirkt dein Wort auch nichts.« Mit unserer Gegenwart in Einklang zu sein bedeutet, dass uns die Energie des Universums auf natürliche Weise durchströmen kann. Es heißt, dass du alle einschränkenden Überzeugungen, den Kleingeist zur Seite geschoben hast und deine Gedanken, Worte und Gefühle auf die Liebe richtest. Einfach ausgedrückt, ist deine Energie ein frei fließender Ausdruck von Liebe.

Findest du in den Einklang mit deiner energetischen Präsenz, erlebst du eine stärkere Verbundenheit und damit tiefere Beziehungen, du erhältst die synchronistische Hilfe des Universums, einen leichten Zugang zu deiner Inspirationsquelle und ein Gefühl von Sicherheit inmitten von Unsicherheit.

In meiner Referententätigkeit wurden mir viele magische Momente zuteil, in denen ich das Gefühl hatte, absolut präsent und in meiner Kraft zu sein. Besonders bei einem Vortrag durfte ich dieses Wunder erleben. Ich war in Hamburg, und die meisten Leute im Publikum sprachen nur Deutsch. 80 Prozent von ihnen trugen Kopfhörer, um die deutsche Übersetzung meines Vortrags zu hören. Dies war das erste Mal, dass ich mit einem Dolmetscher arbeitete. Vor meinem Auftritt betete und meditierte ich und bat das Universum, mir zu zeigen, wie ich diesen Menschen am besten dienen konnte. Dann legte ich alles

Weitere in die Hände meines inneren Führers. In dem Augenblick, in dem ich die Bühne betrat, hörte ich seine Stimme in mir sagen: *Verlass dich nicht auf deine Worte. Verlass dich auf deine Präsenz.* Ich nahm mir diese Intuition sehr zu Herzen. So fing ich an, sehr langsam zu sprechen, und ließ mich emotional von den Geschichten mitnehmen, die ich erzählte, im Vertrauen darauf, dass ich mein Publikum mit meiner Botschaft bewegen könnte, wenn ich mich selbst von ihr bewegen ließ.

Etwa in der Hälfte meines Vortrags schaute ich ins Publikum, sah all die Kopfhörer und sagte: »Ich habe eine Bitte. Ich hätte gern, dass ihr die Kopfhörer absetzt und ihr euch mehr von meiner Energie als von meinen Worten erreichen lasst.« Die Leute waren alle bereit dazu, und sie setzten die Dinger ab. Von diesem Moment an hatte ich das Gefühl, mich mit den Menschen im Saal in einem energetischen Tanz zu bewegen und auf der Schwingungsebene mit ihnen zu kommunizieren. Ich sah, dass vielen von ihnen die Tränen kamen und sie in ihren Taschen nach Taschentüchern zu suchen begannen. Sie brauchten keine Übersetzung, um die Schwingung meiner Absichten zu spüren. Als ich zum Ende meines Vortrags kam, hatte nicht einer den Kopfhörer wieder aufgesetzt.

Am nächsten Morgen flog ich nach London weiter, wo eine weitere Veranstaltung geplant war. Ich war als Schlussrednerin am Ende eines Kongresses vorgesehen, der das ganze Wochenende gedauert hatte. Das Publikum hatte von Samstagmorgen bis Sonntagnachmittag Dutzende von anderen Vorträgen gehört. Als mein Vortrag anstand, waren alle bereits erschöpft. Erschwerend kam hinzu, dass ich mit Verspätung eingetroffen war und den Aufenthaltsraum für die Referenten voll mit Leuten vorgefunden hatte. Statt mich zurückzuziehen, um in die Stille zu gehen und zu meditieren, war ich dort geblieben, hatte mich unterhalten und von den Kollegen ablenken lassen. Dann wurde ich plötzlich auf die Bühne geführt, um vor lauter müden Leuten, die am liebsten nach Hause gegangen wären, meinen Schlussvortrag zu halten. Da ich mich energetisch nicht richtig vorbereitet hatte, klinkte ich mich in die niedrige Energie des Publikums ein und lieferte eine enttäuschende Vorstellung ab. Es war nicht etwa so, dass ich nicht alle meine Punkte angesprochen oder meinen roten Faden verloren hätte. Rein formal klappte alles gut. Das Thema war vielmehr, dass ich mich nicht auf die Energie des Universums eingeschwungen hatte, um über meine Präsenz zu lehren. Hier kam der Lehrsatz von Yogi Bhajan zum Tragen: »Wenn deine Gegenwart nichts bewirkt, bewirkt dein Wort auch nichts.«

An jenem Tag gab ich mir und meinem künftigen Publikum das Versprechen, nie wieder eine Bühne zu betreten, wenn ich nicht wirklich präsent war.

LEKTION DES UNIVERSUMS: Wenn du die wahre Präsenz eines anderen spürst, wirst du an deine eigene erinnert.

Um sicherzustellen, dass ich allen Lebensbereichen aus meiner Präsenz heraus begegne, mache ich eine wunderbare Übung, um Angst loszulassen und in die Liebe zu gehen. Sie funktioniert wie folgt:

Schritt 1: Tritt beiseite.

Was die Gegenwart der Liebe am meisten blockiert, ist die Gegenwart von Angst. Wenn Angstgedanken in uns die Oberhand gewinnen, triumphiert der Kleingeist, und das schneidet uns von unserer Kraft ab. Ich lasse mich oft in Gedanken verstricken und meinen Geist in die Niederungen der Angst entgleiten. Ich verstehe mich darauf, Kleinigkeiten ganz groß aufzublasen. So mache ich mir Gedanken über die genauen

Abflugzeiten eines Flugs, der in monatelanger Ferne liegt, oder verbeiße mich in einer Angstgeschichte über all die Dinge, die bei einem E-Mail-Rundbrief schiefgehen könnten.

Was mache ich also, wenn ich wieder einmal kurz vorm Durchdrehen bin? Ich identifiziere meine chaotischen Gedanken als Widerstand gegen die Liebe. Ich beobachte sie und mache mir klar, dass sie mich daran hindern, mich wirklich mit dem Universum zu verbinden. Dann trete ich beiseite.

Durch das Sprechen einer Affirmation erlaube ich der liebevollen Energie des Universums, meine Gedanken von Kleingeistigkeit und Zweifel zur Liebe zurückzugeleiten.

Die Affirmation lautet wie folgt:

Ich trete beiseite und überlasse dem Universum die Führung.

Diese Affirmation befreit mich sofort aus dem sinnlosen Herumirren meiner Gedanken, und ich kehre in meine Kraft und Präsenz zurück. Ich spreche die Affirmation den ganzen Tag über immer wieder, um mich stets aufs Neue mit der Liebe des Universums zu verbinden. Wann immer dich die Angst im Schwitzkasten hat, sprich diese Affirmation.

Schritt 2: Justiere deine Energie, indem du meditierst.
Ich meditiere täglich, um meine Verbindung zum Universum zu stärken und meine Energie in die richtige Einstellung zu bringen. In der Meditation aktivieren wir die synchronistische Hilfe und Verbindung mit dem Universum. Wir beseitigen Zweifel, Begrenztheit und Angst und bringen uns wieder mit der Liebe in Fluss. Wenn ich in der tiefen Stille der Meditation sitze, spüre ich, wie sich die Energie verschiebt und neu auf die Energie des Universums ausrichtet. Die Energie zu justieren ist in etwa so, als würde ein Musiker sein Instrument stimmen.

Sobald wir wieder im Einklang sind und die Verbindung steht, werden wir uns der Synchronizität und Hilfe bewusst, die ständig zum Greifen nah ist.

Einmal war ich zu einem Vortrag in Toronto und setzte mich, um mich auf meinen Auftritt vorzubereiten, zu einer 15-minütigen Meditation hin. In der Stille fühlte ich, wie meine Gliedmaßen zu kribbeln anfingen und sich meine Energie verschob. Dann stieg eine Vision in mir auf, wie ich vor einem großen Publikum auf die Bühne trat. Ich sah meinen kleinen Körper dort stehen, und riesige Engelsschwingen breiteten sich von meinen Schultern aus. Sie waren gut fünfzehn Meter breit und reichten quer über die ganze Bühne. Es war ein so berührendes Bild, dass mir die Tränen kamen. Als ich kurz darauf die Bühne betrat, waren meine Flügel immer noch da. Das Gefühl, mit dem ich mich in meiner Meditation verbunden hatte, blieb während meines gesamten Auftritts in mir, und es kam zu einem magischen Austausch zwischen mir und meinem Publikum. Ich trat in meiner Präsenz vor die Leute hin und half ihnen so, in ihre eigene Präsenz zu finden. Als ich nach dem Vortrag Bücher signierte, kam eine Frau auf mich zu und sagte: »Gabby, dein Vortrag war unglaublich berührend. Ich hatte das Gefühl, du hättest Engelsflügel, die quer über die Bühne reichten.« Ich lächelte und sagte: »Genau die hatte ich.«

Die Bilder, die wir in der Meditation empfangen, können uns dahin führen, zu erkennen, wie wundervoll unser wahres Selbst ist. Nutze deine Meditationspraxis, um deine Energie zu justieren, in deine Präsenz zu kommen und dich auf diese Weise an deine größte Kraftquelle anzuschließen.

Ich habe mich seit mehreren Jahren, zunächst als Schülerin, dann als Lehrerin, mit der Kundalini-Meditation befasst, deren ganz besondere Stärke darin liegt, uns sehr schnell mit der Energie des Universums in Verbindung zu bringen. Es gibt eine einfache und doch intensive Übung namens *Kirtan Kriya*, die den Fokus von unseren Ängsten und Zweifeln hin zu einer tiefen Verbundenheit mit der Liebe lenken kann.

Kirtan ist Sanskrit und bedeutet »Lied«, und *Kriya* bezeichnet eine spezielle Abfolge von Bewegungen. Mit einer *Kriya* kannst du Körper, Geist und Emotionen in Balance bringen, die eigene Präsenz erhöhen und Heilung ermöglichen.

Die *Kirtan Kriya* ist eine Kombination aus einem Mantra und bestimmten Handpositionen (Mudras), die uns aufbauen und in eine tiefe Verbindung mit der göttlichen Energie des Universums bringen. Während du die *Kirtan Kriya* übst, chantest du das Mantra *Sa-Ta Na-Ma*, das so viel wie »wahre Identität« oder »Wahrheit ist dein Name« bedeutet.

Die Mudras oder Fingerpositionen spielen in dieser *Kriya* eine wichtige Rolle (siehe Abbildungen unten).

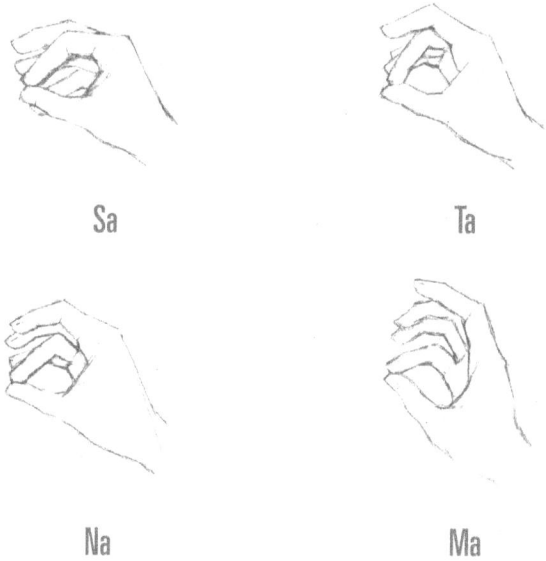

Sa

Ta

Na

Ma

So praktizierst du *Kirtan Kriya*

Setz dich bequem auf einen Stuhl oder mit gekreuzten Beinen auf den Boden.

Zieh die Schultern zurück und richte den Nacken auf.

Bring deinen Körper in eine aufrechte Haltung, um dich zum Gefäß für die Liebe des Universums zu machen.

Rezitiere das Mantra *Sa Ta Na Ma,* während dein Daumen mit jeder Silbe jeweils erst den Zeige-, dann den Mittel-, den Ringfinger und schließlich den kleinen Finger berührt (siehe Abbildung). Während du das Mantra chantest, stell dir vor, wie der Klang dich durchströmt, wobei er auf der Krone des Kopfes ein- und in Stirnmitte wieder austritt (an dem Punkt, an dem sich das dritte Auge befindet).

Sing das Mantra zwei Minuten lang mit normaler Stimme.

Sing es weitere zwei Minuten lang flüsternd.

Sing es weitere vier Minuten lang still im Innern.

Dann wiederhole dies in umgekehrter Reihenfolge, indem du das Mantra noch einmal zwei Minuten flüsternd und zwei Minuten mit normaler Stimme singst. Insgesamt dauert die Rezitation zwölf Minuten.

Um die Übung zu beenden, atmest du sehr tief ein, hebst die Hände über den Kopf und bringst sie dann langsam seitlich wieder nach unten.

Übe diese *Kriya* am besten die vollen zwölf Minuten, für den Anfang kannst du sie allerdings auch kürzer machen. Ich empfehle dir zur Untermalung die Musik, die du unter www .GabbyBernstein.com/Universe findest und über Spotify herunterladen kannst.

Wenn du diese *Kirtan-Kriya*-Übung täglich praktizierst, kannst du nachweislich Stress reduzieren und die Hirnareale anregen, die fürs Gedächtnis zuständig sind. Die Praxis hilft dir, einen Gang zurückzuschalten und dich energetisch zu justieren.

Schritt 3: Fasse positive Absichten.

Allein, dass du die Absicht fasst, in die Präsenz zu gehen, reicht aus, um dich auf die Liebe einzuschwingen. Dies kann auf denkbar einfache Weise geschehen, etwa indem du dir (im Stillen oder laut) sagst: *Ich bin bereit, präsent zu sein.* Damit teilst du dem Universum mit, dass du deine Angst loslassen und deine Gedanken und Energie auf die Liebe ausrichten willst. Wann immer du merkst, dass du deine Ausrichtung verloren hast, fasse die Absicht, dich wieder neu zu justieren. Absichten zu fassen ist deutlich wirksamer, als du es dir vielleicht vorstellen magst.

Denk an die vielen Absichten, die du im Laufe eines Tages fasst. Nimmst du dir vor, deine Sachen schnell zu erledigen? Etwas zu leisten und zuwege zu bringen? Negative Entwicklungen zu vermeiden? Einfach nur den Tag zu überstehen? Was würde passieren, wenn du stattdessen einfach den Vorsatz fassen würdest, dich gut zu fühlen?

LEKTION DES UNIVERSUMS: Deine Absichten erschaffen deine Realität.

Die folgende Geschichte meiner Freundin Jessica zeigt, welche Kraft in unseren Absichten steckt. Jessica beschwerte sich laufend darüber, der einzige Single in ihrem Freundeskreis zu sein, und hatte schon Schwierigkeiten, überhaupt jemanden zu finden, mit dem sie sich verabreden konnte. All ihre Gedanken, Worte und Energie kreisten um das Problem, keinen Partner zu haben.

Irgendwann war der Punkt gekommen, an dem ich als ihre Freundin eingreifen musste. Ich erklärte ihr, dass sie viel zu viel Energie darauf verwendete, sich und der Welt zu sagen, wie furchtbar ihr Dasein als Single sei und dass es keine guten Männer gäbe. Denn das würde ihr *nicht* helfen, einen Mann zu finden. Ihr negativer Fokus würde vielmehr ihr Energieniveau senken und sie für potenzielle Partner unattraktiv machen. Ich riet ihr, eine neue Absicht zu fassen. Statt sich dauernd darüber zu beklagen, dass sie keinen Mann finden könne, schlug ich ihr vor, sich auf die Möglichkeit zu konzentrieren, dass es da draußen eben doch jemanden für sie gäbe.

Sie war bereit, meinen Rat anzunehmen. Drei Wochen lang richtete sie jeden Tag ihren Fokus neu aus, indem sie die Absicht fasste, einen Partner anziehen zu wollen. Sie wurde auf einem Online-Dating-Portal aktiv, nahm an gesellschaftlichen Aktivitäten teil, die ihr Spaß machten, und veränderte die Art und Weise, wie sie über die Suche nach einem Partner sprach. Statt sich zu beschweren, wie schlimm das Ganze sei, sagte sie nun Dinge wie: »Ich sehe meinen Partner vor mir und bereite alles so vor, dass er in meinem Leben auch Platz hat.« Ihre Absichten und Worte bestärkten sie. Innerhalb eines Monats lernte sie zwei interessante Männer kennen, und nach vier Monaten war sie eine ernst zu nehmende Beziehung eingegangen.

LEKTION DES UNIVERSUMS: Das Universum hebt auf, was du verstreust.

Kommt dir Jessicas Geschichte irgendwie bekannt vor? Auf welche Weise blockierst du den positiven Energiefluss, der dich zur Erfüllung deiner Wünsche führt?

Wenn du bereit bist, deinen Fokus neu auszurichten, dann beschließe, deine negativen Gedanken und blockierende Energie ins Gegenteil zu verkehren. Identifiziere den Lebensbereich, in dem du dich vom Fluss der Liebe abschneidest, und fasse eine neue Absicht. Vielleicht nimmst du dir vor, mehr Spaß zu haben oder dich auf das zu konzentrieren, was du tust, statt darüber nachzugrübeln, was dir scheinbar fehlt. Stell deine Angstprojektionen auf den Kopf, und fang an, eine neue Wahrnehmung zu projizieren, die aus der Liebe kommt.

Formuliere deine neue Absicht, und schreib sie auf.

Jetzt, da du eine klare neue Absicht gefasst hast, sprich sie im Laufe des Tages immer wieder laut aus. Wenn du morgens aufwachst, bekräftige deine Absicht mit ganzem Herzen. Fällst du während des Tages in einen Angstkreislauf zurück, sprich deine Absicht erneut aus. Bleibst du deinen positiven Absichten verpflichtet, wirst du erleben, wie die unterstützende Energie des Universums in deine Richtung zu fließen beginnt.

LEKTION DES UNIVERSUMS: Die Energie fließt immer in die Richtung deiner Absicht.

Schritt 4: Begreife die Macht der Freude.

Bestärkende Absichten bringen uns Freude, und die Freude ist der Katalysator für alles Gute in dieser Welt. Mein Freund Robert Holden sagt: »Wenn wir uns der Freude verpflichten, erhöhen wir unsere Erfolgschancen.« Ich liebe diesen Satz. Aber viele von uns neigen bewusst oder unbewusst zur Angst. Auf die eine oder andere Weise verlieren wir uns in der Geschichte, dass Schmerz einen Zweck hat, oder lassen uns zu der Überzeugung verleiten, dass ein sinnvolles Leben nicht ohne Kampf zu haben ist. Einschränkende Glaubenssätze wie diese können eine verheerende Wirkung haben.

In Wirklichkeit erhöhen wir, je mehr Freude wir haben, unsere Strahlkraft und die Fähigkeit, unsere Präsenz auszudrücken und positive Energie zu verströmen.

Aus dieser Kraftquelle beziehen wir die Energie, die wir brauchen, um uns unseren Aufgaben stellen zu können, um kreative Lösungen für scheinbar hoffnungslose Probleme zu finden oder um selbst dann großzügig zu sein, wenn wir uns benachteiligt sehen.

Ein einziger Mensch, der in der Freude präsent ist, kann einen massiven positiven Einfluss auf sein lokales Umfeld, ja selbst auf die globale Landschaft haben. Die Energie von Frieden, Liebe und Freude hat die Macht, die Welt zu verändern. Maharishi Mahesh Yogi war der spirituelle Lehrer, der in den 1950er-Jahren in Indien die Bewegung der Transzendentalen Meditation gründete und von dort aus in den Westen brachte. Wenn ein Prozent der Menschheit in einem Land meditieren würde, so prophezeite er, könne das Zusammenwirken dieser Gruppe die Lebensqualität der gesamten Bevölkerung anheben. Ihr vereintes Kraftfeld, ihre Freude und beruhigende Energie würden ausreichen, dem Rest der Welt mehr Frieden und Harmonie zu schenken. Wenn mehrere Menschen mit der gemeinsamen Absicht von Frieden meditieren, so die Theorie des Maharishi, würden sich ihre Alphawellen im Gehirn synchronisieren – ein Gleichklang, der sich auf die Nicht-Meditierenden übertragen und in deren Unterbewusstsein die gleichen Eigenschaften hervorbringen würde.

Dass Maharishis Theorie tatsächlich stimmt, wurde in einer 1975 veröffentlichten Studie bewiesen. Eine Gruppe von Mönchen wurde in eine Stadt mit hoher Kriminalitätsrate geschickt. Ihre Anzahl entsprach zahlenmäßig einem Prozent der örtlichen Bevölkerung. Dass die Mönche in diesem Umfeld ihre Meditation praktizierten, ließ die Kriminalitätsrate um erstaunliche 16 Prozent sinken. Dieses Phänomen – die energetische Macht von meditativer Freude, im kollektiven Bewusstsein eine Energieverschiebung zu bewirken – wird als Maharishi-Effekt bezeichnet. Er funktioniert, weil die Alpha-Gehirnwellen von in der Gruppe Meditierenden auf einer sehr hohen Ebene schwingen, sodass sie die Atmosphäre durchdringen und Menschen in derselben geografischen Region erreichen können, was sich positiv auf deren Herz, Geist und Handeln auswirkt.

Wenn die kritische Masse von Meditierenden erreicht ist, können diese mit ihrer Praxis in ihrem gesellschaftlichen Umfeld, ja sogar auf dem gesamten Planeten die Dinge ins Lot bringen. Der berühmte Psychologe und Psychiater C. G. Jung sagte einmal: »Unsere persönliche Psychologie [ist] nur eine dünne Haut […], ein leichtes Kräuseln auf dem Ozean einer kollektiven Psychologie. Der machtvolle Faktor, der Faktor, der unser Leben verändert, der die Oberfläche unserer bekannten Welt verändert und der Geschichte macht, ist die kollektive Psychologie, und die kollektive Psychologie bewegt sich nach Gesetzen, die von denen unseres Bewusstseins von Grund auf verschieden sind.«

Tief in unserem Innern haben wir eine direkte Verbindung zu diesem gemeinsamen Energiefeld. Durch Gebete, Affimationen, Meditationen, positive Absichten und Freude können wir etwas dazu beitragen und eine friedvolle Schwingung in der Welt erzeugen. Wenn du der Freude in deinem Leben einen wichtigen Stellenwert gibst und dich in deiner Meditation täglich mit ihr verbindest, wirst du nicht nur ein Gefühl der innigen Zugehörigkeit empfinden. Du wirst auch massiven Einfluss auf die Menschen und Umstände in deinem Umfeld, ja sogar auf das Leben von Leuten nehmen, die du nicht einmal kennst. Es steht in deiner Macht, zum spirituellen

Aktivisten zu werden. Mit deiner positiven Energie kannst du allen deinen Mitmenschen ringsum ein hohes Maß an Heilung bringen. Die Energie, die wir aussenden, trägt entweder zur Verschmutzung oder zur Heilung unseres Planeten bei. Wofür entscheidest du dich?

LEKTION DES UNIVERSUMS: Wenn du im Zustand der Freude bist, schenkst du allen Lebewesen dieser Welt eine positive Prägung.

Du verfügst nun über eine Auswahl an Achtsamkeitsinstrumenten, mit denen du arbeiten kannst. Nutze die Werkzeuge aus den ersten drei Kapiteln, um deine Wahrnehmungen zu verschieben, und setze die in diesem Kapitel vorgestellten Praktiken ein, um die Präsenz von Freude, Glück und Frieden in deinem Leben zu kultivieren. Auf diese Weise wird dein Glauben ans Universum gestärkt, und du findest in deine Kraft und Präsenz.

Hast du dich erst einmal an diese Kraft angeschlossen, wirst du merken, wie sich echte Veränderungen zu manifestieren beginnen. Menschen werden deine Nähe suchen. Sie fühlen sich in deiner Gegenwart lebendiger, womöglich ohne überhaupt zu wissen, warum. Du wirst eine stärkere Ausstrahlung haben, vitaler und in jeglicher Hinsicht attraktiver sein, ja sogar klüger und geistesgegenwärtiger, was auch für dich selbst spürbar sein wird. Das Wichtigste aber ist: Du wirst in einer Welt, in der wir uns nur allzu oft völlig ohnmächtig fühlen, ein Gefühl von Kraft empfinden. Wenn die Tragödien der Welt überwältigende Dimensionen anzunehmen scheinen, wirst du erkennen, dass diese Wahrnehmung auf der Getrenntheit von der Liebe des Universums beruht. In der Meditation aktivierst du die Alphawellen in deinem Gehirn und sendest liebevolle

Schwingungen in die Welt, die diese Trennung aufheben und es dir erlauben, gemeinsam mit der Kraft des Universums, das hinter dir steht, Freude und Frieden zu schaffen.

Schritt 5: Entscheide dich für die Freude, und du wirst geführt werden.

Nachdem du nun weißt, wie du mit deinen Gedanken, Worten und Absichten sowie deiner Energie die Welt beeinflussen kannst, verpflichte dich dazu, dass Freude und Frieden bei dir stets an erster Stelle stehen.

Nimm dir einen Moment Zeit, um über die folgenden Fragen nachzudenken. Notiere deine Antworten in deinem Tagebuch:

> Was macht dir Freude?
> Was kannst du aktiv tun, um mehr Freude in dein Leben einziehen zu lassen?
> Wie kannst du in die Bereiche deines Lebens Freude bringen, die nicht freudvoll sind?
> Wie sähe dein Leben aus, wenn du der Freude Priorität einräumen würdest?

Ich hatte jahrelang einen Hang zur Angst. Doch mit dem Voranschreiten auf meinem spirituellen Weg dachte ich immer öfter: *Wie sähe mein Leben aus, wenn ich einfach mehr in die Freude gehen würde?* Diese Frage gab mir den Anlass zu einem persönlichen Experiment. Ich fing an, meinen Erfolg danach zu bemessen, wie viel Spaß ich an einer Sache hatte. Ich ging regelrecht auf die Suche nach Freude. Ich fing an, neue Hobbys auszuprobieren, amüsierte mich über mein engstirniges Denken und tat mein Möglichstes, aus jeder Situation ein Maximum an Freude herauszuholen – und zwar insbesondere in den schwierigeren Bereichen meines Lebens. Wann immer ich merkte, dass ich in einer negativen Geschichte festhing, machte ich es mir zur Herausforderung, das Ganze aus einer freudvollen Perspektive zu betrachten. Ich sagte mir: *Was wäre, wenn ich beschließen würde, dass mir die Sache Spaß macht?* Was auch immer geschehen war, es reichte schon, mir diese Frage zu stellen, um wieder in die Freude zu gehen.

Freude lässt sich nicht nur in neuen Hobbys oder besonderen Erlebnissen finden. Sie kann allein durch den Vorsatz entstehen, mehr Spaß haben zu wollen. Du brauchst dich nicht zu bemühen, mehr Freude in dein Leben zu bringen! Du musst nur den Entschluss dazu fassen.

Hier ein Beispiel: Nehmen wir an, du hasst es, im Stau zu stehen (was wohl auf die meisten unter uns zutreffen dürfte). Es ist eine der Situationen, die sich normalerweise deinem Einfluss entziehen. Du musst irgendwie zu dem Ort gelangen, zu dem du willst, und du wirst von den äußeren Umständen ausgebremst. Du hast jetzt zwei Möglichkeiten. Entweder du sitzt total entnervt im Auto, verfluchst im Stillen (oder laut) die Autofahrer ringsum und drückst auf die Hupe. Diese negative Haltung macht das Ganze frustrierend und könnte womöglich sogar mit einer eingebeulten Stoßstange enden, weil du dich hinter dem Steuer so furchtbar aufregst. Kommt dir dieses Szenario vertraut vor?

Schauen wir uns jetzt die zweite Möglichkeit an. Du steckst im Verkehr fest und schaust dir deinen Frust einen Moment lang an. Statt durchzudrehen, sprichst du ein Gebet:

Universum, ich danke dir, dass du mir dabei hilfst,
Spaß an dieser Situation zu haben.

Kaum hast du es gesprochen, schon bewegst du dich in Richtung Freude. Statt dich auf all die Gründe zu konzentrieren, warum du es hasst, jetzt hier zwischen all den Autos eingekeilt zu sein, schaust du auf die freudvollen Aspekte. Du hörst dir das Hörbuch an, das du schon die ganze Zeit hören wolltest, oder singst lauthals die Lieder im Radio mit – es hört dich ja keiner! Dein Entschluss ermöglicht es dir, Freude in einer freudlosen Situation zu erfahren. So verfliegt die Zeit, und ehe du dich's versiehst, ist die Straße wieder frei.

Das Prinzip scheint auf der Hand zu liegen, wenn es aber darauf ankommt, kann es überraschend schwer sein, danach zu handeln. In die Freude zu gehen entspricht nicht unserer inneren Programmierung. Doch je öfter wir es üben, desto mehr wird es uns zur Natur. Du hast es in der Hand, durch deinen Entschluss die Energie einer qualvollen Beziehung oder das Schwingungsniveau an deinem Arbeitsplatz zu verändern oder deine Selbstwahrnehmung zu heilen: Du brauchst dich nur für die Freude zu entscheiden.

Wenn du einen Hang zur Freude entwickelst, fällt es dir leichter, Entscheidungen zu treffen, deine Beziehungen werden liebevoller, und du fängst an, darauf zu vertrauen, dass das Universum hinter dir steht. Wählst du liebevollere Gedanken und positivere Worte, nimmst du dir mehr Momente zum Beten und bringst du mehr Zeit in der Stille auf deinem Meditationskissen zu, wirst du erleben, wie dir die Freude zunehmend auf ganz natürliche Weise zufließt und wie du sie ausstrahlst. Das schenkt dir die Freiheit, nach der du dich sehnst. Es öffnet die Schleusen, durch die dir der Beistand des Universums in einem Maß zufließt, das du dir nie hättest erträumen können.

Schritt 6: Feiere den Beistand des Universums.

Wenn du in der Freude bist, ziehst du den Beistand des Universums an. Nach meinem Vortrag in Toronto etwa, bei dem ich während meines Auftritts die Engelsflügel gespürt hatte, ging ich in den Aufenthaltsraum, um meine Sachen zu holen, bevor ich mich auf den Weg zum Flughafen machte. Es waren außer mir nur noch meine Freundin Julie und ihr Mann da. Wir setzten uns kurz hin, um noch ein wenig zusammen zu sein, bevor ich weiter musste. In diesem Augenblick sah Julies Mann ein kleines Engelsamulett auf dem Tisch liegen. Er griff danach und reichte es mir mit den Worten: »Keine Ahnung, warum, aber ich glaube, das will zu dir, Gabby.« Ich antwortete: »Ja, das glaube ich auch.« Ich ging davon aus, dass es mich sanft an das Versprechen erinnern sollte, das ich dem Universum gegeben hatte, und sah darin ein Zeichen, dass es zur Kenntnis genommen worden war.

Im Jahr darauf kam ich wieder zu einem Vortrag nach Toronto. Nachdem ich ihn gehalten hatte, kam eine junge Frau auf mich zu und sagte: »Gabby, ich bin so froh, dass du wieder in Toronto bist! Ich war im letzten Jahr auch da und habe damals bei einem der Bühnenmanager ein Geschenk für dich abgegeben. Es war ein Engelsflügel, auf dem das Wort *Empfangen* stand.« Ich schnappte nach Luft. In diesem Augenblick begriff ich, was es wirklich hieß, in meiner Präsenz und offen für den Beistand des Universums zu sein. Das Engelsamulett war mir nicht von einem glücklichen Zufall in die Hände gespielt worden. Es hatte mir die ganze Zeit gehört!

Erfahrungen wie diese werden zur Norm, wenn du dich voll und ganz auf die Gegenwart des Universums verlässt und dich davon durchströmen lässt. Feiere die Momente, in denen du spürst, dass du mit dem Universum synchron läufst. Diese Verbindung steht dir jederzeit offen. Mach dich mit Elan und

Begeisterung auf deinen Weg der Rückverbindung, und dein Prozess wird voller Freude sein.

Rekapitulieren wir noch einmal die Lektionen dieses Kapitels:

> Tritt beiseite und mach Platz für den liebevollen Fluss des Universums. Um dich mit der Energie des Universums in Einklang und den Prozess in Gang zu bringen, sprich die Affirmation: *Ich trete beiseite und überlasse dem Universum die Führung.*

> Justiere deine Energie durch Meditation. Mit deiner Meditationspraxis lässt du deine Energie wieder in der Frequenz der Liebe schwingen.

> Fasse die Absicht, in deine Präsenz zu gehen. Energie fließt dorthin, wo deine Aufmerksamkeit hingeht. Du kannst täglich neue, starke Absichten fassen. Rechtfertige dich nicht für deine Wünsche, und vertraue darauf, dass das, worauf du dich konzentrierst, wachsen und gedeihen wird.

> Begreife die Kraft der Freude. Denk daran, dass Freude der Katalysator für alles Gute in der Welt ist.

> Entwickle einen Hang zur Freude, und dir wird Führung zuteil. Halte dich um jeden Preis an deine Verpflichtung zur Freude.

> Feiere den Beistand des Universums, und genieße die Synchronizität, Führung und sanften Hinweise, die dir zeigen, dass du auf dem richtigen Weg bist.

Wenn du mit den Instrumenten arbeitest, die ich dir bisher ans Herz gelegt habe, eröffnest du dir die Möglichkeit, das Leben auf eine dir bisher völlig unbekannte Art und Weise wahrzunehmen. Schon bald wirst du die wundervolle, fließende Liebe des Universums rundum erleben.

Wenn du dich erst einmal mit dem Universum synchroni-siert hast, passieren wirklich coole Sachen. In Kapitel 5 erzähle ich dir eine eigene Geschichte, wie wir das große Privileg er-hielten, im Fluss mit der göttlichen Führung zu sein. Diese Geschichte kann dir dabei helfen, selbst die Energie des Uni-versums zu nutzen und zu dessen Mitschöpfer zu werden. Ich hoffe, dass es dir mithilfe der nächsten Kapitel gelingt, tiefer in das Reich der unbegrenzten Möglichkeiten einzutauchen, so-dass auch du in den Genuss der göttlichen Führung gelangst.

DAS UNIVERSUM BEEILT SICH, DIR ZU HELFEN, WENN DU SPASS HAST

Im Jahr 2014 brachten mein Mann und ich neun Monate damit zu, eine neue Wohnung zu suchen. In New York City, wo wir lebten, ist der Markt hart umkämpft, und es kann dort eine ziemliche Herausforderung sein, ein geeignetes Objekt zum Mieten oder Kaufen zu finden. Zu allem Übel fiel unsere Suche in eine Zeit, in der die Immobilienpreise mal wieder auf einem Höchststand waren. So sank unsere Zuversicht mit jeder weiteren Besichtigung ein bisschen tiefer in den Keller. Was wir uns auch anschauten, unser Eindruck war stets der gleiche: »Puh. Wieder eines dieser überteuerten, hochgejubelten Angebote!«

Wir verloren schnell aus den Augen, dass es eigentlich Freude machen sollte, sich zum ersten Mal eine eigene Wohnung zu kaufen. Stattdessen fühlten wir uns furchtbar, weil wir uns allem Anschein nach selbst Gegenden nicht leisten konnten, in denen wir gar nicht leben wollten. Es war total frustrierend. Irgendwann hatten wir nur noch die Nase voll. Wir fingen an zu streiten und hörten auf, darauf zu vertrauen, dass wir unser Traumobjekt irgendwann finden würden.

Eines Abends, nachdem wir drei Stunden durch Brooklyn getourt waren und uns ein überteuertes Apartment nach dem anderen angesehen hatten, die allesamt grundrenoviert werden mussten, konnten wir beide nicht mehr. Mein Mann war wütend und »betete« folgendes Mantra: »Das macht keinen Spaß! Das macht keinen Spaß!« Und ich war frustriert, weil wir so viel Zeit und Energie für die Suche nach etwas verschwendet hatten, was es nicht zu geben schien. Aus dieser düsteren Stimmung heraus sagte ich plötzlich die magischen Worte: »Es muss einen besseren Weg geben. Lass uns um eine kreative Lösung bitten.« Er nickte, und wir beteten. Ich sagte: *Danke, Universum, dass du uns für kreative Möglichkeiten offen sein lässt. Wir geben unsere Pläne an dich ab. Zeig uns, was du für uns bereithältst.* Innerhalb von Sekunden war uns beiden leichter ums Herz. Ich spürte in das Gefühl der Hingabe hinein und fing an zu lächeln. Und auch mein Mann fand sein Lächeln wieder. Er war froh, dass wir endlich unser Kontrollbedürfnis losgelassen hatten. Durch den Akt der Hingabe richteten wir uns wieder auf die wahre Kraftquelle aus – das Universum.

Und schon floss uns eine kreative Idee zu. Ich sagte zu meinem Mann: »Haben wir nicht immer davon geträumt, auf dem Land zu leben, Schatz? Lass uns hier nicht weiter suchen. Schauen wir uns lieber ein paar Häuser im Umland an.« Er war sofort Feuer und Flamme. »Das klingt, als würde es *Spaß* machen!«, sagte er. Wir waren wieder im Rennen! Innerhalb einer Dreiviertelstunde hatte mein Mann vier Angebote im Umland entdeckt. Innerhalb der nächsten vierundzwanzig Stunden hatten wir einen Termin mit einem Immobilienmakler vereinbart und eine Besichtigungstour zu allen vier Häusern geplant, darunter einem superschönen, das an einem Berg gelegen war. Gleich am nächsten Sonntag machten wir uns auf den Weg nach Norden.

LEKTION DES UNIVERSUMS: Das Universum beeilt sich, wenn du Spaß hast.

Das erste Haus, das wir uns anschauten, war ebendieses Haus am Berg. Als wir darauf zufuhren, sagte mein Mann: »Das ist es. Ich spüre es.« Wir bogen in eine verwunschene Einfahrt ein. Über Hunderte von Metern wand sie sich durch den Wald bergauf und mündete in einer charmanten Welt aus englischem Garten und Steinmauern. Hier und da spielten Marmorobjekte und ungewöhnliche Pflanzenarrangements mit der Schönheit der natürlichen Landschaft. Entlang der Vorderseite des Hauses standen Bäume, deren Laub in allen Farbschattierungen leuchtete. Und vom Wohnzimmer aus hatte man einen kilometerweiten Fernblick. Bei unserem ersten Besuch dort waren wir zugleich aufgeregt und beruhigt. In dem Augenblick, in dem ich das Haus betrat, wurde ich von einer Welle liebevoller Energie erfasst. Ich sagte zu meinem Mann und dem Agenten: »Es mag vielleicht unlogisch klingen, aber ich fühle mich hier zu Hause.« Wir setzten unsere Tour fort und schauten uns noch ein paar andere Häuser an, aber zu keinem fühlten wir uns so hingezogen wie zu dem Haus am Berg.

Im Laufe der folgenden Wochen fuhren wir mehrmals hin, um zusätzliche Informationen einzuholen. Bei unserem vierten Besuch nahmen wir unsere Eltern mit, um uns ihre Meinung anzuhören. Einen Tag vor der geplanten Fahrt telefonierte ich mit meiner guten Freundin Colette Baron-Reid, die ein ausgezeichnetes Medium ist. Ich erzählte ihr alles über das Haus am Berg. Sie fragte: »Hast du um ein Zeichen gebeten?« Ich sagte: »Ein Zeichen? Was ist das denn?« Sie erklärte mir, dass sie vor jedem Umzug um ein Zeichen bittet. Ihres ist eine Libelle. Bei ihrem letzten Haus wusste sie in dem Augenblick, dass es das Richtige für sie war, als sie dort ein Buch mit einer Libelle auf dem Titel liegen sah.

Mir gefiel die Idee, um ein Zeichen zu bitten. »Ich bin total begeistert von deiner Libelle«, sagte ich. »Aber für mich ist es eine Eule.« Ich habe keine Ahnung, warum ich ausgerechnet eine Eule wählte. Vielleicht hatte sie mich gewählt?

Wir fuhren also gemeinsam mit unseren Eltern zu dem Haus. Gleich bei unserer Ankunft entdeckte ich auf dem Küchentisch eine Geschenkkarte mit einer Libelle. Ich nahm das als ein erstes Omen. Doch obwohl ich auf Colettes Zeichen gestoßen war, wollte ich unbedingt meine eigene Eule finden. So fing ich an, das Haus systematisch abzusuchen. Ich schaute überall – auf Büchern, in den Bäumen, sogar auf dem Geschirr: nichts! Also schrieb ich Colette eine SMS: »Ich habe meine Eule nicht gefunden, dafür aber deine Libelle!« Sie antwortete: »Super! Wir haben von der Libelle gesprochen, das reicht. :)«

Colettes Antwort beruhigte mich, und wir stiegen ins Auto, um uns auf den Heimweg zu machen. Bevor wir auf den Highway fuhren, hielten wir in der Stadt, um noch einen Kaffee zu trinken. Als wir zum Auto zurückkamen, fiel mein Blick auf die Stoßstange des Wagens, der links neben uns geparkt war. Dort prangte ein Aufkleber mit einer großen fliegenden Eule. »Ich habe unsere Eule gefunden!«, rief ich. Dies war ein starkes Zeichen dafür, dass das Universum hinter uns stand.

Kurz darauf unterbreiteten wir ein Angebot für den Kauf des Hauses, und es wurde sofort akzeptiert. Bei allem Enthusiasmus waren wir doch auch ziemlich nervös. Dies war unser erster Immobilienkauf, und bevor der Vertrag unterzeichnet war, wollten wir uns nicht zu sehr von unserer Begeisterung mitreißen lassen.

Während die letzten Details ausgehandelt wurden, flogen wir nach London, wo ich mehrere Auftritte hatte. Dort bekam ich es auf einmal mit der Angst zu tun.

Statt mich in meine Befürchtungen und Zweifel hineinzusteigern, beschloss ich zu beten und mich vertrauensvoll ans Universum zu wenden: *Danke, dass du mir wieder einmal gezeigt hast, dass ich auf dem richtigen Weg bin. Aber ich glaube, liebes Universum, dass ich noch mehr Eulen brauche …*

Wenn wir im Einklang mit dem höchsten Wohl handeln, arbeitet das Universum schnell. Schon eine Stunde, nachdem ich mein Gebet gesprochen hatte, tauchten auf einmal überall Eulen auf – Graffiti-Street-Art-Eulen, Eulen-Bettwäsche in Schaufenstern, Eulen auf Kleidungsstücken. Ganz London wimmelte nur so von Eulen!

Am selben Abend hielt ich einen Vortrag in der wunderschönen *Saint James Cathedral*. Der Mann, der dort für den Ton zuständig ist, ist auch Maler und schenkt den Rednern immer eine Postkarte mit einem seiner Bilder. Ich hatte bei anderer Gelegenheit bereits eine Karte mit einem Bären von ihm bekommen. An jenem Abend hatte er zwei seiner Arbeiten dabei. »Ich wusste, dass Ihr Mann mitkommt, darum habe ich für jeden ein Bild mitgebracht.« Das erste, wieder von einem Bären, gab er meinem Mann. Dann sagte er: »Keine Ahnung warum, aber ich hatte das Gefühl, dass dieses hier zu Ihnen will …« Mit diesen Worten überreichte er mir ein Bild von einer Eule! Das war der Moment, in dem ich erleichtert aufatmen konnte, denn jetzt wusste ich, dass das Universum wirklich hinter mir stand. Ich bedankte mich bei ihm für das Geschenk und beim Universum für das Zeichen.

Zwei Wochen später unterschrieben mein Mann und ich den Vertrag für unser Haus am Berg.

In dem Augenblick, in dem wir bereit waren, unsere inneren Projektionen aufzugeben, verschoben wir unsere Wahrnehmung. Als wir uns zum Beten entschlossen und uns der inneren Führung anvertrauten, wurden wir zu kreativen Lösungen geführt.

LEKTION DES UNIVERSUMS: Dir wird uneingeschränkte Führung zuteil, wenn du dich darauf einlässt, sie zu empfangen.

Logik, Angst und Begrenztheit hatten uns von unserer Verbindung zu unseren kreativen Möglichkeiten und der Führung des Universums abgeschnitten. In dem Augenblick aber, in dem wir uns auf unsere wahre Kraft besannen, flossen uns auf einmal Wunder zu. Im Prozess des Erinnerns und Akzeptierens unserer energetischen Kraft gewannen wir unseren Glauben und Enthusiasmus zurück.

Das Universum ist ein nie versiegender Strom an positiver, starker Energie. Kommen wir mit dieser liebevollen Kraft in Fluss, werden wir zu ihrem Magneten. Wenn wir uns für eine Sache wirklich begeistern und aus der Freude heraus agieren, beginnt das Universum sofort, uns den Weg zu zeigen. Es steht uns frei, uns auf das auszurichten, was wir sehen möchten. Solange wir im Einklang mit unserer energetischen Kraft sind, ist diese Ausrichtung immer positiv und förderlich.

Im Fall unserer Wohnungssuche hatten mein Mann und ich uns so sehr in die Geschichten vom überteuerten Immobilienmarkt und seinen hochgejubelten Objekten hineingesteigert, dass wir unsere energetische Kraft völlig aus den Augen verloren hatten. In der Tat schwächten wir sie mit jedem negativen Gedanken, Gefühl und Kommentar. Die Geschichte, die wir uns selbst aufgebaut hatten, zwang uns in die Knie.

Die gute Nachricht ist, dass wir es jederzeit in der Hand haben, unsere Wahrnehmung zu verändern. Wir brauchten uns nur den kreativen Möglichkeiten zu öffnen und alles weitere abzugeben. Damit gaben wir dem Universum die Chance, sein Ding zu machen. Ein einziges kleines Gespräch reichte aus, um in unsere Kraft zurückzufinden, unsere Angstgeschichte loszulassen und uns wieder mit der Inspiration und der Liebe zu verbinden.

LEKTION DES UNIVERSUMS: Um in deine Kraft zurückzufinden, musst du erst erkennen, dass du die Verbindung zu ihr verloren hast ...

Mit den im Folgenden beschriebenen Schritten haben wir unsere Verbindung zum Universum wiederhergestellt. Wende auch du sie an, um dir klarzumachen, auf welch starken Beistand du zu jedem beliebigen Zeitpunkt zurückgreifen kannst.

Schritt 1: Sei entschlossen, die Sache mit den Augen der Liebe zu sehen.

Welche Worte oder Sätze sagst du (laut oder im Stillen), die dich von deiner Kraft abschneiden? Beklagst du dich zum Beispiel oft bei deinen Freunden, wie schwer es ist, in deinem Alter noch einen Partner zu finden und dich mit irgendjemandem zu verabreden? Oder kommst du jeden Abend von der Arbeit nach Hause und schimpfst darüber, wie sehr du deinen Chef und deinen Job hasst, und beklagst dich, dass du so gern was anderes machen würdest, es aber angesichts der schwierigen Situation auf dem Arbeitsmarkt einfach zu riskant wäre, den Absprung zu wagen?

Sei ehrlich mit dir selbst. Sobald du deine negative Geschichte identifiziert hast, nimm dir einen Augenblick Zeit, um in dich hineinzuspüren und dir vor Augen zu führen, was sie in dir auslöst. In unserem Fall machte uns die negative Geschichte vom Zustand des Immobilienmarkts regelrecht krank.

Wir waren so niedergeschlagen und hatten solche Angst, dass wir anfingen, uns grundlos zu streiten.

Nimm dir einen Augenblick, um zu erkennen, wie du mit deinen Worten und Überzeugungen die Unterstützung des Universums blockierst. Welches ist die dominante negative Geschichte, die du dir immer wieder vorbetest, und welches Gefühl löst sie in dir aus?

Bring sie jetzt zu Papier.

Dir diese Geschichte klarzumachen ist entscheidend. Mit deiner Ehrlichkeit öffnest du dir die Tür zur Rückbesinnung auf deine verborgene Kraft. Lies dir deine negative Geschichte noch einmal durch und auch die Beschreibung, welches Gefühl sie in die auslöst. Dann sage sofort laut:

Ich bin entschlossen, dies mit den Augen der Liebe zu sehen.
Ich gebe diese Geschichte ab
und überlasse alles Weitere dem Universum.

Lass diese Affirmation zu deinem Mantra werden. Sobald du merkst, wie du in deine negative Geschichte zurückgezogen wirst, nimm das bewusst zur Kenntnis, und sprich deine Affirmation.

Schau dir deine Angst an, ohne zu urteilen, und gib sie ans Universum ab.

Schritt 2: Lass dich von deinen Gefühlen leiten.
Um dir den Zugang zu deiner verborgenen Kraft zu eröffnen, musst du dir als Nächstes darüber klarwerden, was du fühlen möchtest. In meinem Fall war ich mehr darauf fokussiert gewesen, eine Bleibe zu finden, die mir logisch sinnvoll erschien, als nach einem Haus zu suchen, in dem ich mich *zu Hause* fühlen würde. Sobald wir uns von der Logik verabschiedet hatten

und unseren Gefühlen die Führung überließen, kam uns das Universum zu Hilfe.

LEKTION DES UNIVERSUMS: Rechtfertige dich nicht dafür, wie du dich fühlen möchtest.

In Kapitel 4 habe ich dich angeleitet, einen Hang zur Freude zu entwickeln. Jetzt ist es an der Zeit, sie dir voll und ganz zu eigen zu machen. Nimm dir einen Augenblick Zeit, um dir vollkommen klar darüber zu werden, was du sehen möchtest.

> Wie fühlt es sich an, in der Freude zu sein?
> Was möchtest du in deinem Leben manifestieren, und wie möchtest du dich fühlen?

Und jetzt nimm dein Tagebuch zur Hand und schreib deine Antwort auf!

Schritt 3: Bitte um dein Zeichen.
Das ist der Teil, der richtig Spaß macht! Es ist Zeit, um dein Zeichen zu bitten. Denk daran, dass du dem Universum mit dieser Bitte deine Bereitschaft zur Zusammenarbeit signalisierst. Du erklärst, dass du bereit bist, deine Planung und Kontrolle aufzugeben und dich stattdessen von einer Macht leiten zu lassen, die größer ist als du selbst. Wenn du dein Zeichen nicht bekommst, ist das auch ein Zeichen! Um klare Führung zu bitten, ist eine Übung im Empfangen guter, unmissverständlicher Ansagen, die nichts mit dem zu tun haben, was du für richtig hältst. Sei dir bewusst, und vertraue darauf, dass das Universum einen besseren Plan hat als du.

Du kannst um ein Zeichen bitten, das dich zu einer Sache hinführt, die du dir wünschst. Wenn du dir bei einer Entscheidung nicht sicher bist oder einfach wissen möchtest, ob du auf dem richtigen Weg bist, bitte um ein Zeichen. Und grüble nicht lange, wie genau es aussehen sollte. Wähle einfach das erstbeste, das dir einfällt – ein Tier oder ein Musikstück oder den Titel eines Buchs. Mach einfach das zu deinem Zeichen, was dir gerade in den Sinn kommt. Lass es dir auf natürliche Weise zufließen, und halte dich an das, was du empfängst.

Viele Leute empfangen Zeichen in Form von Zahlenreihen wie 1111 oder 444. Dein Zeichen könnte auch ein Lied, ein Duft oder ein Name sein.

Wähle dein Zeichen, ohne es noch einmal zu überdenken. Notiere es jetzt!

Schritt 4: Gib es ans Universum ab, und hab Geduld.
Lass uns nun deinen Wunsch mit einem Gebet ans Universum abgeben:

Danke, Universum, dass du mir Klarheit schenkst.
Zeig mir mein Zeichen,
wenn ich mich in der richtigen Richtung bewege.

Und dann hab Geduld.

Vergiss nicht: Ich musste meinen Wunsch, die Eule zu sehen, erst loslassen, um den Raum für ihr Auftauchen zu schaffen. Versuche nicht, Kontrolle auszuüben. Ich weiß von mehreren Bekannten, die ihr Zeichen zu manipulieren versuchten. Eine Freundin etwa hatte die 108 als Zeichen gewählt. Wenn sie eine 54 sah, dachte sie, das sei es, weil 2 mal 54 schließlich 108 ergibt. Mach keine solchen Klimmzüge! Wenn du in der richtigen Richtung unterwegs bist, wirst du ein glasklares Zeichen erhalten. Und denk daran: Wenn es nicht klar ist, ist das auch ein göttlicher Fingerzeig. Colette Baron-Reid sagt, dass dein

Zeichen wie eine Reklametafel ist – so eindeutig, dass du es nicht übersehen kannst.

Manche Zeichen tauchen schnell auf, andere lassen sich Zeit. Bekommst du dein Zeichen nicht sofort gezeigt, mach dir keine Sorgen. Vielleicht hast du noch irgendwelche persönlichen Ängste zu klären, oder dein Glaube muss noch stärker werden, bevor du es bekommst. Wenn dir dein Zeichen nicht gleich begegnet, liegt das womöglich auch an deiner Ungeduld. Auch damit kannst du sein Auftauchen blockieren.

Wir haben oft keine Geduld, weil wir nicht auf das Ergebnis vertrauen. Bist du ungeduldig, hast du vielleicht Angst, dass irgendetwas nicht genau so eintritt, wie du es dir wünschst. Dieses Bedürfnis, das Resultat zu kontrollieren, entsteht aus mangelndem Glauben an das Universum. Womöglich schwingt auch die Befürchtung mit, dass etwas Schlimmes passieren könnte, wenn dieses oder jenes nicht innerhalb einer bestimmten Frist geschieht. Das Schlimme daran ist, dass du mit dieser Haltung dein Glück und deine Sicherheit von dem abhängig machst, was am Ende herauskommt.

Auf diese Weise verlierst du den Plan jenseits deines eigenen Plans aus den Augen. Du kappst die Kommunikation mit dem Universum und schneidest dich von den grenzenlosen Möglichkeiten ab, die dir zur Verfügung stehen. Der Schlüssel zum Aufgeben der Kontrolle liegt darin, deine äußeren Bedürfnisse und Leidenschaften loszulassen und dir bewusst zu machen, dass es nichts gibt, was dir deine wirkliche Kraft rauben könnte: die Liebe und den Frieden in dir.

In dem Augenblick, in dem du deinen inneren Frieden annimmst und den Wunsch, ein bestimmtes Ergebnis zu erzielen, loslässt, kann das Universum wirklich an die Arbeit gehen. Ein gutes Beispiel hierfür begegnet mir oft in Frauen, die sich ein Baby wünschen. Ich erlebe immer wieder, wie sich Freundinnen darüber den Kopf zerbrechen, wann sie endlich schwanger werden oder warum es so lange dauert, bis es klappt. Sie beobachten ihren Eisprung, pinkeln über Stäbchen und haben leidenschaftslosen Sex nur mit dem einen Zweck vor Augen. Wenn es auf herkömmliche Weise nicht funktioniert, probieren viele es mit künstlicher Befruchtung. Interessanterweise werden solche Frauen dann oft unmittelbar vor ihrem IVF-Termin schwanger. Warum das so ist? Weil sie sich angesichts der bevorstehenden Behandlung entspannen und auf einen Plan jenseits ihres eigenen vertrauen, sodass die Natur ihren Lauf nehmen kann.

Stellen wir uns vor, wir würden im Frieden sein, ganz gleich, was am Ende herauskommt. Der Schlüssel zu diesem Frieden liegt im Loslassen. Und wenn du glaubst, dich hingegeben zu haben, gib dich noch ein wenig mehr hin. Vertraue auf die Macht des Universums, und entspanne dich in eine Energie der Empfänglichkeit hinein. Dies mag schwierig erscheinen, wenn du total auf ein bestimmtes Ergebnis fixiert bist, aber du wirst lernen, dass es in Wirklichkeit sehr viel leichter ist, dich hinzugeben.

Das Universum liebt und unterstützt jeden von uns; wir müssen nur daran denken, uns auf die Energie der Liebe einzuschwingen, um sie empfangen zu können. Möge dich dein Zeichen sanft daran erinnern, dass du geliebt und geführt wirst.

LEKTION DES UNIVERSUMS: Du wirst immer unterstützt.

Schritt 5: Öffne dich für kreative Möglichkeiten.
Um Zeichen zu bitten ist nur eine Art, die Unterstützung des Universums willkommen zu heißen. Wichtig ist auch, uns für kreative Möglichkeiten zu öffnen. In dem Augenblick, in dem mein Mann und ich uns aus der Begrenztheit unserer prakti-

schen Ideen lösten und Raum für kreative Lösungen schafften, trat das Universum auf den Plan. Sind wir bereit, unser Leben aus einer schöpferischen Perspektive zu gestalten, kann es sich zeigen und zu spielen beginnen.

Wenn du zum Empfang kreativer Lösungen nicht bereit bist, sprich folgendes Gebet:

Danke, Universum, dass du Begrenztheit und Zweifel
in kreative Möglichkeiten verwandelst.

Sprich es in Situationen, in denen dein logischer Verstand die Oberhand hat, und sei offen, dich auf neue innovative Betrachtungsweisen deiner Umstände einzulassen. Vielleicht bekommst du eine Mitteilung von einem Freund. Oder du erhältst einen Hinweis in einem Lied oder aus einem Buch. Irgendeine klare Botschaft wird dir in den Weg gelegt, um dich zu kreativen Lösungen zu führen. Sei bereit loszulassen, was du zu brauchen glaubst, und lass dich von der Macht des Universums führen.

Die Lektionen, die du in diesem Kapitel erhalten hast, helfen dir, mit einer spielerischen Energie in Kontakt zu kommen. Mit deiner Bereitschaft, zu spielen, Spaß zu haben und kreativer zu sein, öffnest du den Kanal, über den du mit der liebevollen Energie des Universums kommunizieren kannst. Freude ist der ultimative Schöpfer. Wenn ich keinen Spaß habe, fühle ich mich blockiert und festgefahren und merke, dass meine innere Führung nicht mehr funktioniert. In dem Augenblick, in dem ich wieder in die Freude und Kreativität gehe, beginnt die Energie zu fließen und bringt meinen Körper zum Kribbeln. Diese freudvolle Energie schwingt auf exakt derselben Wellenlänge wie die Liebe des Universums. Dies ist ein Grund dafür, warum Kinder sehr viel mehr Wunder und

Begeisterung erleben als Erwachsene. Wir müssen uns mit unserem kindlichen Selbst verbinden und die Beschränkungen der Welt verlernen, um uns an die spielerische Leichtigkeit unserer wahren Essenz – der Liebe – zu erinnern. In diesem Zustand empfangen wir Zeichen, und Führung zu empfangen wird zur Selbstverständlichkeit.

Was würde passieren, wenn du mehr spielerische Leichtigkeit und Spaß in dein Leben einziehen ließest? Diese Vorstellung mag in dir Widerstände auslösen, weil wir gelernt haben, genau das Gegenteil zu leben. Man hat uns beigebracht, dass Leistungen nur mit Anstrengung erbracht werden können und Erfolg eine Frage des »Machens« ist. Die guten Dinge, so heißt es, kosten eine Menge Blut, Schweiß und Tränen. Ich fordere dich auf, diese Überzeugungen abzulegen. Sie schränken dich ein und führen ins Leid. Ich fordere dich auf zu akzeptieren, dass du hier bist, um Spaß zu haben.

Lass uns die Schritte aus diesem Kapitel noch einmal rekapitulieren:

> Mach dir deine negative Geschichte bewusst, und schau dir an, welche Gefühle sie in dir auslöst.
> Mach dir klar, was du willst und wie du dich fühlen möchtest.
> Wähle dein Zeichen, mit dem dir das Universum sanft signalisieren kann, dass du auf dem richtigen Weg und im Fluss mit der Liebe bist.
> Gib deine Wünsche an das Universum ab, und hab Geduld. Geduld ist der Schlüssel, um Führung zu empfangen.
> Sei offen für den Empfang kreativer Lösungen.

Schwöre dich auf deine Fähigkeit ein, mit dem Universum in Verbindung zu treten. Du hast deine Kraft lange genug verleugnet. Jetzt ist es Zeit, Liebe, Licht und ein Gefühl der tiefen Verbundenheit zu empfangen.

Wenn dich dieser Prozess mit Zweifeln erfüllt, hab keine Angst. In Kapitel 6 erkläre ich dir, wie selbst Hindernisse dich führen können. Wenn du dich auf die liebevolle Energie des Universums einschwingst, wird alles in deinem Leben zu einer göttlichen Gelegenheit, die dich zu optimalem Wachstum, Heilung und Freiheit führt. Sprich konsequent deine neuen Gebete und Affirmationen, und öffne dein Herz, um auf diesem wunderbaren Weg der neuen Wahrnehmung voranzuschreiten.

Jetzt, wo ich zum Ende dieses Kapitels gelange, nehme ich mir einen Moment lang Zeit, um zu reflektieren, wo auf meinem Weg ich gerade stehe und wie ich der Freude die Führung überlasse. Freude hat mich an die Stelle geführt, an der ich jetzt gerade bin. Ich sitze an meinem Schreibtisch und genieße den weiten Blick, den ich von meinem neuen Büro in meinem Haus am Berg aus habe. Ich lächle in dem Wissen, dass das Universum einen Plan für mich hatte, und ich bin dankbar, dass ich mich von ihm habe führen lassen.

KAPITEL 6

HINDERNISSE SIND UMWEGE IN DER RICHTIGEN RICHTUNG

Eines Nachmittags nahmen mein Mann und ich in der Stadt ein Taxi, um zu einem Meeting zu fahren. Nachdem wir eingestiegen waren, fingen wir an, uns über irgendeine Belanglosigkeit zu streiten. Es ging um etwas Lächerliches, aber es löste in uns beiden etwas aus, das es uns unmöglich machte, die Sache auf sich beruhen zu lassen. Leider waren solche Kleinlichkeiten für uns zur Normalität geworden. Wir stritten uns seit Monaten über lauter Albernheiten, und aus irgendeinem Grund konnten wir aus dem Muster nicht herausfinden. Ich wollte in solchen Situationen zwar unbedingt »recht« behalten, andererseits wollte ich aber auch glücklich sein. An jenem Tag meldete sich darum nach ein paar Minuten des Schlagabtauschs die Stimme meiner inneren Weisheit zu Wort: *Bitte um Heilung und Klärung.* Und ich sprach still das Gebet: *Danke, dass du dies für mich in neue Bahnen lenkst und mir hilfst, diese Kleinlichkeit loszulassen.* Ich spürte, wie die Energie leichter wurde.

Nach dem Meeting stiegen mein Mann und ich in den Aufzug, um uns auf den Heimweg zu machen. Wir waren bereits 17 Stockwerke nach unten gefahren, als er stehen blieb. Wir dachten, wir hätten das Erdgeschoss erreicht, und warteten einen Moment, aber die Tür öffnete sich nicht. Schnell wurde uns klar, dass wir feststeckten. Dies war das zweite Mal innerhalb eines Jahres, dass ich in einem Aufzug eingeschlossen war, und ich war kurz vorm Ausflippen. Zu wissen, dass mein Mann an Klaustrophobie leidet, machte die Sache nicht leichter. Die ersten paar Minuten fühlten sich wie eine Stunde an. Wir schwitzten beide und zogen die Jacken aus. Während wir versuchten, den Hausmeister über den Notruf zu erreichen, tigerten wir in der Kabine auf und ab. Der gute Mann sagte uns mehrmals, dass der Reparaturdienst unterwegs sei. Nun heißt in New York »unterwegs sein« nicht unbedingt, dass jemand auch bald da ist. Es konnte gut sein, dass der Monteur sich erst noch eine Stunde oder länger durch den Verkehr quälen musste. Wir saßen fest, ohne auch nur grob abschätzen zu können, wie lange es dauern würde.

Nach etwa zehn Minuten meldete sich meine innere Stimme erneut zu Wort. Sie sagte: *Zach dreht gleich durch. Du musst Ruhe bewahren!* Ich hörte die Botschaft klar und deutlich und konzentrierte mich von da an auf ihn. Ich fing an, ihm über den Rücken zu streichen, ihm die Ohren zu massieren und mit ihm über alle möglichen Dinge zu reden, für die er sich interessierte. Ich ließ mir sogar von ihm erklären, wie *er* die Küche in unserem Haus am Berg einrichten wollte. Kurzum, ich tat all die Dinge, die er sich immer von mir gewünscht hatte. Ich schenkte ihm Liebe, Zuwendung und Aufmerksamkeit. Wir saßen im Aufzug fest, und ich nutzte die Gelegenheit, um meinen Fokus auf das zu richten, worauf es wirklich ankam – die Beziehung zu meinem Mann. Und es funktionierte! Es vergingen weitere zwanzig Minuten, und mein Mann blieb ruhig. Er genoss seine Massage, und wir dachten uns ein paar kreative Lösungen für unser Haus aus. Seine Klaustrophobie kam nicht zum Zuge, im Gegenteil, er schien relativ entspannt zu sein.

Eine Dreiviertelstunde war vergangen, als ich langsam kribbelig wurde. Ich betete laut: *Universum, wir brauchen deine Hilfe! Wir sind bereit, hier herauszukommen ...* Nur wenige Minuten später hörten wir, dass der Monteur sich an der Tür zu schaffen machte. Kurz darauf ging sie auf, und wir stellten fest, dass wir zwischen dem ersten Stock und dem Erdgeschoss steckengeblieben waren. Wir griffen nach unseren Sachen und sprangen aus der Kabine in die Lobby hinunter, in der geschäftiges Treiben herrschte. Die Leute kamen gerade vom Mittagessen zurück. Mein Mann schaute auf sein Handy, und das Display zeigte ein Uhr und elf Minuten an. Wir freuten uns, denn Doreen Virtue, Engelautorin und Medium, sieht in einer Einser-Zahlenreihe ein Zeichen für die Anwesenheit von universaler Führung.

Mit dieser Episode stellte uns das Universum eine wunderbare spirituelle Aufgabe und erinnerte uns sanft daran, dass Hindernisse Umwege in der richtigen Richtung sind. Es mag sich wie ein Albtraum anhören, eine Dreiviertelstunde lang mit einem klaustrophobisch veranlagten Ehemann in einem Aufzug festzustecken, doch in Wirklichkeit war es ein Segen. Ich hatte im Taxi um ein Wunder gebeten, um aus der Schiene der kleinlichen Streitereien herauszukommen, auf die mein Mann und ich geraten waren, und wieder näher zusammenzufinden. Und ausgerechnet an diesem Tag sperrte uns das Universum so lange in einen Aufzug ein, bis genau das geschehen war.

Wenn wir das Universum um Führung bitten, erreicht uns diese manchmal auf überraschenden Wegen. Göttliche Lektionen begegnen uns mitunter in den seltsamsten Formen. In unserem Fall musste ich erst in einer Aufzugkabine feststecken, um meine Kleinlichkeit loslassen zu können. Erst in dieser Situation gelang es mir, Liebe in meine Gedanken einziehen und meine Energie wieder zu meinem Mann hinfließen zu lassen. Erst als alles andere in den Hintergrund getreten war, konnten wir wieder zum einzig Wahren zurückfinden: zur Liebe.

Diese Geschichte führt uns vor Augen, dass uns in jeder Situation die Chance begegnen kann, uns vom Universum auf einen anderen Pfad führen zu lassen. Wenn wir im Gebet um einen Heiligen Augenblick bitten, kommen wir in Einklang mit der Energie der Liebe, die unser Bewusstsein erweitert und uns für Formen von Führung empfänglich macht, die uns womöglich in eine ganz andere Richtung lenken, als wir es ursprünglich geplant hatten. Unsere Aufgabe ist lediglich, darauf zu vertrauen, dass wir genau zu dem Ziel hingeführt werden, das wir ansteuern sollten. Selbst Situationen, die uns wie ein Hindernis auf unserem Weg erscheinen, sind in Wirklichkeit Gelegenheiten – Umwege in der richtigen Richtung. Vertraue immer auf die Führung des Universums, und sei dir gewiss, dass es dich stets zur Liebe führt.

LEKTION DES UNIVERSUMS: Hindernisse sind Umwege in der richtigen Richtung.

In *Ein Kurs in Wundern* heißt es:

> »Wunder ordnen die Wahrnehmung neu und rücken alle Ebenen in die wahre Perspektive.«

Um den heiligen Augenblick zu bitten und uns geistig auf ein Wunder einzustimmen, ist der direkteste Weg zur Gnade. Nicht immer mag dir sofort klare Führung zufließen, aber mach dir immer bewusst, dass du auf dem richtigen Weg bist. Diese Gewissheit ist entscheidend für dein Glück und deinen Frieden. Sie hilft dir zu akzeptieren, dass selbst die schwierigsten

Hindernisse Ausdruck von göttlicher Führung sein können, und vertieft dein Vertrauen ins Universum.

Entschließt du dich, Hindernisse als Umwege in der richtigen Richtung zu betrachten, siehst du auf einmal in Widrigkeiten einen tieferen Sinn und die Chance zu persönlichem Wachstum. Vielleicht kannst du plötzlich ein höheres Ziel erkennen, mit jemandem eine echte Verbindung eingehen oder wirst sogar auf einen Weg geführt, der deinem Leben eine ganz andere, positive Wendung gibt, die dir ansonsten verwehrt geblieben wäre. Alle Hindernisse, denen du aus einer Wahrnehmung der Liebe heraus begegnest, lassen sich in die großartigsten Lebenslektionen verwandeln.

Ich bin vielen Leuten begegnet, die ihre Umwege heldenhaft und mit der geistigen Bereitschaft zu Wundern gegangen sind und auf diese Weise ihr eigenes Leben und das ihrer Mitmenschen in neue Bahnen lenken konnten. Ein sehr gutes Beispiel hierfür liefert meine liebe Freundin Kris Carr. Du kennst sie wahrscheinlich, denn sie ist in der Gesundheitsszene und der Welt der Persönlichkeitsentwicklung sehr bekannt. Am Valentinstag des Jahres 2003 wurde bei ihr im Alter von 31 Jahren eine seltene Form von Krebs im vierten Stadium festgestellt. Mit sehr viel spiritueller Praxis, Liebe und innerer Weisheit gelang es Kris, sich über ihre Angst zu erheben und sich mit der Liebe des Universums zu verbinden. Sie vermochte in diesem Hindernis einen göttlichen Umweg in der richtigen Richtung zu erkennen. Ihre veränderte Wahrnehmung ließ sie für ein breites Publikum zu einer Stimme der Transformation und Heilung werden. Sie weiß, dass im Überwinden der Angst die wahre Heilung liegt – und dass sie andere an ihrer Geschichte teilhaben lassen muss. Sie liebt ihren Körper in jeder Hinsicht und betrachtet dieses Hindernis als ihre größte Chance, zu dienen und spirituell zu wachsen. Kris ist meine Heldin.

Wie wäre es, wenn wir alle die Kris Carr in uns zum Leben erwecken würden? Wenn wir unserer Angst mit der geistigen Bereitschaft zu Wundern begegnen und sie auf einen Zweck und zur Liebe hin neu ausrichten könnten? Wie anders wäre unsere Welt, wenn alle so leben würden?

Dies ist meine Mission: Menschen, die sich unter allen Umständen für die Liebe entschieden haben, so zu führen, dass sie Hindernisse gleich welcher Art als Chance zum spirituellen Wachstum nutzen.

Der Schlüssel, um sich dem Plan des Universums anzuvertrauen, liegt darin, sämtliche Erwartungen im Hinblick auf das Ergebnis aufzugeben. Solange wir uns daran festklammern, wie etwas werden »sollte«, schneiden wir uns vom Strom der universalen Führung ab. Die Energie hinter einer »Sollte-Mentalität« ist kontrollierend und manipulierend. Das Universum schwingt nicht auf dieser Wellenlänge. Wir nehmen uns damit die Möglichkeit zur Kommunikation und unsere Empfänglichkeit. Erst wenn wir das Ergebnis loslassen, öffnen wir unsere Weltwahrnehmung und lassen uns darauf ein, geführt zu werden.

Meine frühere Coaching-Klientin Sarah suchte jahrelang einen Partner unter Männern eines bestimmten Typs – solchen, mit denen sie eine Beziehung haben »sollte«. Nach außen hin hatten sie alles zu bieten, was man sich gemeinhin wünscht: Sie sahen gut aus, hatten Geld, eine kompatible religiöse Weltanschauung und die gleichen Werte. Sarah meinte, auf dem richtigen Pfad zum Aufbau einer langfristigen Partnerschaft zu sein, doch die Beziehungen zerbrachen immer und immer wieder ganz plötzlich. Jedes Mal war es der Mann, der ihr aus unerfindlichen Gründen den Laufpass gab und irgendetwas sagte wie: »Ich weiß nicht, warum ich Schluss machen muss. Du bist so toll und scheinst alles zu haben, wonach ich mich immer gesehnt habe, aber irgendwie werde ich das Gefühl nicht los, nicht der Richtige für dich zu sein.« Als Sarah zum ersten Mal zu mir kam, war sie vierzig Jahre alt, noch immer Single, und sie war ratlos. Sie kam mit dem Ziel, das, was auch immer mit ihr nicht stimmen mochte, so »hinzubiegen«, dass sie einen Partner langfristig halten konnte.

Nach vier Monaten Coaching hatte ich durchschaut, dass Sarah nach einem ganz bestimmten Typus suchte. Sie hatte sich Regeln auferlegt, die keinen großen Spielraum ließen, und ihre Erwartungen waren hoch. Mit ihrem Wunsch, die »richtige« Art von Mann zu finden, beschnitt sie sich stark in ihren Möglichkeiten. Ganz eindeutig stand sie einer wunderbaren Gelegenheit im Weg, weil sie sich nicht vom Universum führen ließ. Sie verließ sich auf ihre eigene Stärke und ihr Bedürfnis, ihren einschränkenden Glaubenssatz zu verwirklichen, dass ihr ein »guter Mann« nur in einer bestimmten Form begegnen könne.

Als ich Sarah dies alles erklärte, fing sie nach einem kurzen Moment der Abwehr zu weinen an und sagte: »Gabby, du hast recht. Ich habe mein Leben lang versucht, den Mann zu finden, den sich meine Mutter für mich wünscht. Ich bin ohne Vater aufgewachsen, und sie hat mir eingeimpft, dass ich nur mit einem Mann glücklich sein kann, der erfolgreich und katholisch ist und viel Geld verdient, damit er auch für mich sorgen kann. Ich habe also die ganze Zeit zwanghaft versucht, den Traummann meiner Mutter zu finden.«

Ich drückte Sarah meine Anerkennung dafür aus, dass sie bereit war, ihr angstbasiertes Muster anzuschauen. Ihre kontrollierende Energie, fuhr ich fort, sei wahrscheinlich der Grund dafür, dass sie nie in der Lage gewesen war, eine Beziehung langfristig aufrechtzuerhalten. Die Männer hatten ihre Angst und kontrollierende Schwingung gefühlt und instinktiv gespürt, dass sie nicht zueinander passten.

Es wurde Zeit für Sarah, ihre Wahrnehmungen neu zu ordnen und sich auf die Kraft des Universums auszurichten. Der erste Schritt war, Sarah sehen zu helfen, dass sie ihre Verbindung zum Universum und damit zur göttlichen Führung blockiert hatte. Sie musste verstehen, dass die von ihr wahrgenommenen Hindernisse in Wirklichkeit Umwege in der richtigen Richtung waren. Mit dem Scheitern ihrer Beziehungen ließ das Universum sie wissen, dass die Idealvorstellung ihrer Mutter nicht unbedingt dem entsprach, was für sie das Ideale war. Ich half ihr außerdem, zu sehen, dass ihre kontrollierende Energie im Verein mit der Angst, die ihre Mutter ihr eingeflößt hatte, sie unattraktiv machte, sodass sie ihre jeweiligen Partner schließlich in die Flucht schlug.

Der nächste Schritt war, Sarah darin zu unterstützen, ihre Bedürfnisse und Erwartungen loszulassen und sich einer Führung und Weisheit jenseits ihres logischen Verstands anzuvertrauen. Es wurde Zeit, dass sie sich mit der Bitte um Hilfe ans Universum wandte. Ich schlug ihr folgendes Gebet vor, das ihr helfen würde, die Kontrolle abzugeben und in Fluss zu kommen: *Danke, Universum, dass du mir hilfst, über meine Begrenzungen hinauszuschauen. Danke, dass du meine Wahrnehmungen erweiterst, sodass ich echte Liebe anziehen kann.*

Über einen Monat lang rezitierte Sarah dieses Gebet täglich. Von Tag zu Tag stellte sich bei ihr ein immer tieferes Gefühl von Erleichterung und Zufriedenheit ein. Sie war begeistert von der Vorstellung, sich nicht mehr laufend über alles Gedanken machen zu müssen und endlich das Bedürfnis loslassen zu können, ihre Beziehungen kontrollieren zu müssen. Dass Sarah es zulassen konnte, ihre Energie von diesem Gebet neu ordnen zu lassen, war das Wunder, nach dem sie sich gesehnt hatte. Zum ersten Mal fühlte sie sich auch ohne Mann an ihrer Seite vollständig.

Sarah verkörperte auf einmal das Vertrauen darauf, dass das Universum hinter ihr stand, und das machte sie superattraktiv. Aus dem Nichts heraus kamen alle möglichen Männer auf sie zu und wollten sich mit ihr treffen – Männer, von denen sie nie geglaubt hätte, dass sie sich für sie interessieren könnten. Sie waren ganz anders, als ihre Mutter sich einen tollen Mann vorstellte, aber sie waren trotzdem großartig. Einer von ihnen, Michael, bemühte sich besonders beharrlich um sie. Er hatte Probleme im Beruf und keinerlei finanzielle Sicherheit zu bieten. Außerdem war er nicht katholisch. Mit anderen Worten, er erfüllte keines der Kriterien, die Sarah für ausschlaggebend gehalten hatte. Trotzdem nahm sie jede seiner Einladungen an.

Nachdem sie sich ein paar Monate lang unverbindlich mit Michael getroffen hatte, rief sie mich plötzlich an und sagte: »Gabby, ich bin noch nie im Leben so glücklich gewesen. Ich fühle mich bei Michael so sicher und geborgen. Ich bin so froh, dass ich mein Herz für ihn geöffnet habe.« Zehn Monate später waren Michael und Sarah verlobt.

Sarah hatte recht: Michael hatte auf sie gewartet. Und das Universum wusste es. Jeder Mann, der mit ihr Schluss gemacht hatte, erschien zunächst wie ein Hindernis, in Wirklichkeit aber war er ein Umweg, der sie veranlasste, ihre Energie zu verschieben, dem Universum zu vertrauen und eine neue Richtung einzuschlagen.

LEKTION DES UNIVERSUMS: Das Universum erledigt für dich, was du selbst nicht erledigen kannst.

Nimm dir Sarahs Geschichte zum Beispiel und lass endlich los, woran auch immer du festhältst. Auf welche Weise blockierst du deinen Michael? Ob es um eine Liebesbeziehung geht, eine berufliche Veränderung, eine Entscheidung in Sachen

Gesundheit oder einen Umzug ans andere Ende des Landes – inwiefern kontrollierst du das Geschehen und stellst dich quer zum Fluss des Universums?

Im Folgenden führe ich dich Schritt für Schritt durch den Prozess, mit dem es Sarah gelang, ihr Hindernis als Umweg in der richtigen Richtung zu betrachten und dem Universum freie Hand zu geben, sie zur Liebe zu führen.

Du kannst diese Praxis auf jeden Bereich deines Lebens übertragen und dich darauf verlassen, dass das Universum dich unter seine Fittiche nimmt.

Schritt 1: Hindert dich das Wort *»sollte«*, im Fluss zu sein?

Inwiefern trägst du mit deiner *»Sollte*-Mentalität« zur Schaffung von Hindernissen in deinem Leben bei? Notiere den Lebensbereich, in dem du dich auf das *»Sollte«* fokussierst und das Ergebnis zu manipulieren versuchst.

Bringe jetzt deine Sätze mit *»sollte«* zu Papier.

Schritt 2: Bete darum, dich von deinem *»Sollte«* zu lösen und dein Hindernis mit Liebe statt mit Angst zu betrachten.

Wenn du das nächste Mal in einer Opfermentalität festhängst, weil irgendetwas nicht so funktioniert, wie du es dir vorgenommen hast, sprich einfach das folgende Gebet, und richte dich auf die Liebe aus:

> *Danke, Universum, dass du mich in diesem Hindernis*
> *eine Chance erkennen lässt.*
> *Ich trete zurück und überlasse dir die Führung.*

Dieses Gebet bahnt dir einen Weg durch alle Blockaden. Probiere es noch heute mit etwas Einfachem aus. Vielleicht fühlst du dich gestresst oder überfordert von deiner Arbeit. Sprich das Gebet, und dann überlasse es dem Universum, deinen Tag neu zu ordnen. Oder vielleicht steckst du mitten in einem Familiendrama, und du kannst deine Wut und Verzweiflung nicht loslassen. Sprich das Gebet, und überlasse alles Weitere der Liebe. Lass das Gebet wirken, um deine Wahrnehmung neu zu ordnen und dich über deine Begrenzungen und Zweifel hinauszuführen.

Schritt 3: Gib das Hindernis ab.

Gib dein Hindernis mit der folgenden schönen Meditation an das Universum ab. Ich rufe darin eine Gruppe von Engeln herbei, um dich in deiner Praxis der Hingabe zu unterstützen. Ob du an Engel glaubst oder nicht, spielt keine Rolle. Sieh in den Bildern dieser Meditation einfach Symbole für das Vertrauen, das dir hilft, dein Kontrollbedürfnis loszulassen.

Lies den nachfolgenden Text, und führe dich selbst durch die Visualisierung.

Setz dich bequem auf den Boden oder aufrecht auf einen Stuhl.

Schließ die Augen.

Zieh deine Schultern zurück, und strecke deine Wirbelsäule.

Atme tief ein, und halte den Atem eine kleine Weile.

Dann lass mit dem Ausatmen los. Atme noch einmal tief ein, schau dir alles, was du festgehalten hast, mit Wertschätzung an, und lass es mit dem Ausatem los.

Atme während der ganzen Meditation weiter tief und langsam ein und aus.

Stell dir vor, wie du bequem an einem sicheren Ort sitzt,

den du liebst. Sieh dich, wie du dich vollkommen wohlfühlst. Komm an diesem Ort an, in dem Wissen, dass du gehalten, geschützt und getragen bist.

Nun nimm dir einen Moment Zeit, um dir den Lebensbereich anzuschauen, in dem du Kontrolle ausübst. Spüre in die Gefühle hinein, die in dir vielleicht aufsteigen, wenn du deine Aufmerksamkeit auf diese Situation richtest. Betrachte alles, was in dir aufsteigt, mit Wertschätzung, und atme weiter tief und langsam ein und aus.

Nun lass vor deinem geistigen Auge das Bild eines kleinen goldenen Korbes entstehen, der vor dir steht. Dieser Korb ist von innen heraus erleuchtet.

Wenn du bereit bist, leg den Lebensbereich, in dem du Kontrolle ausübst, in diesen Korb hinein. Gib ihn ab, lass ihn vollständig los.

Fasse jetzt den Entschluss, dein Kontrollbedürfnis ganz und gar loszulassen und dem Universum die Führung zu überlassen.

Nimm einen tiefen Atemzug und würdige deine Bereitschaft zur Hingabe.

Nun lass vor deinem geistigen Auge das Bild eines wunderschönen Engels entstehen, der jetzt hinter dich tritt. Er legt dir die Hände sanft auf den Rücken, sodass du spürst, dass es sicher ist, dein Kontrollbedürfnis loszulassen. Dann nimmt der Engel den Korb und fliegt mit ihm davon. Zum Abschied winkt er dir noch einmal zu.

Du hast den Korb ans Universum abgegeben, und das Universum kümmert sich darum.

Bleib noch ein paar Minuten still sitzen und spüre, wie du von einer neuen, entspannten Energie durchströmt wirst.

Wenn du schließlich bereit bist, öffne die Augen sanft und kehre in den Raum zurück.

Nach dieser Meditation kannst du dir sicher sein, dass das Universum deinen Ruf gehört hat. Es ist eine Übung, mit der du eine starke Absicht zum Ausdruck bringst, dein Kontrollbedürfnis aufzugeben und dich auf deinen neuen Weg einzulassen. Nachdem du nun deine Hindernisse an das Universum abgegeben hast, ist es wichtig, dich für den göttlichen Plan zu öffnen, wie auch immer der sich gestalten mag. Er ist sehr wahrscheinlich ganz anders als das, was du dir erwartet oder erhofft hast. Denk daran, dass dich die Führung, die du empfängst, in die richtige Richtung leitet, selbst wenn es sich anfangs wie ein Hindernis anfühlen mag. Bleib beharrlich auf deinem Pfad, und du wirst dich getragen fühlen.

Lass uns die Schritte noch einmal rekapitulieren:

> Akzeptiere, dass Hindernisse Umwege in der richtigen Richtung sind.
> Gestehe dir ehrlich ein, wie du bestimmte Lebensumstände zu kontrollieren versuchst.
> Dann sprich dein Gebet: *Danke, Universum, dass du mich in diesem Hindernis eine Chance erkennen lässt. Ich trete zurück und überlasse dir die Führung.*
> Mach die Meditation, um in einen Zustand von Hingabe, Geduld und Frieden zu gelangen.

Wenn du darauf vertraust, dass Hindernisse Umwege in der richtigen Richtung sind, wird dir das helfen, dich auf die Kraft des Universums auszurichten und ein Gefühl von Erleichterung zu spüren. In Kapitel 7 führe ich dich zum nächsten wichtigen Schritt, um dein Vertrauen ins Universum zu stärken: das Bauen auf Gewissheit. Gewissheit dient und hilft dir auf eine Art und Weise, die du nie für möglich gehalten hättest. Sie zu entwickeln ist für dein Glück und deinen Frieden entscheidend.

KAPITEL 7

GEWISSHEIT BAHNT DEINEN WÜNSCHEN DEN WEG

Als ich 2005 in der Anfangsphase meines Entzugs war, las ich alle möglichen Selbsthilfebücher, schaute mir DVDs aus dem Hay-House-Verlag an, hörte spirituelle Podcasts und saugte begierig alles in mich auf, was sich mir an Orientierungshilfe bot. Besonders eine DVD hatte es mir angetan. Der Film hieß *You Can Heal Your Life,* und viele der Autoren, deren Bücher bei mir im Regal standen, spielten darin mit: Louise Hay, Christiane Northrup und der faszinierende Dr. Wayne Dyer. Seine Rolle in der Geschichte bewegte mich am meisten, und ich schaute mir die Szenen mit ihm immer wieder an. Ich war total verliebt in seine starken Einzeiler. Es waren Sätze wie: »Du wirst, was du denkst« oder »Du wirst es sehen, wenn du es glaubst«. Sie wurden meine Mantras, und von Wayne inspiriert begann ich, meine Gedanken bewusst zu wählen, um meine eigene Wirklichkeit mit zu erschaffen.

Täglich holte ich mir bei ihm Rat und gab meinen Nicht-Glauben leichten Herzens auf. Ich ließ alle einschränkenden Überzeugungen los und erlaubte es meinem Geist, zu träumen. In meinen Visionen sah ich mich spirituelle Bücher verfassen, in denen ich den unglaublichen Heilungs- und Wachstumsprozess beschrieb, den ich durchlief. Ich sah mich als Referentin und Lehrerin. Vor meinem geistigen Auge sah ich mich in einer Reihe mit diesen großartigen Lehrern vor dem Publikum stehen und zu Menschen sprechen, die wie ich nach persönlichem Wachstum und Heilung suchten.

Diesen Visionen folgte ich, und ich gelangte zu einer immer tieferen Gewissheit, dass mich das Universum in meiner Arbeit unterstützte. So fand ich meinen inneren Frieden. Zu keiner Zeit hatte ich den Eindruck, meine Karriere vorantreiben zu müssen. Ich vertraute vielmehr darauf, dass alles einem Plan folgte. Das Universum reagierte wohlwollend auf diese innere Gelassenheit. Mit der Zeit nahm meine Gewissheit konkrete Gestalt an, und meine Visionen wurden real. 2009 unterschrieb ich meinen ersten Buchvertrag für *A Hip Guide to Happiness. 12 Impulse für ein schwungvolles Leben.* Als ich die ersten Exemplare vom Verlag erhielt, schickte ich sofort ein Buch an Wayne Dyer an eine Adresse auf Maui/Hawaii, ohne wirklich zu erwarten, dass ich eine Antwort von ihm erhalten würde. Ich legte einen Brief dazu, in dem ich mich bei Wayne bedankte. Er hatte mir geholfen, meine Visionen umzusetzen, sodass sie Gestalt annehmen konnten. Es war einfach ein tolles Gefühl, diesen Brief zu schreiben, ob er ihn nun lesen würde oder nicht.

Ein paar Wochen später fand ich in meinem Briefkasten einen Umschlag mit dem Poststempel von Maui. Als ich ihn aufmachte, fand ich darin einen handschriftlichen Brief von Wayne Dyer! Er bedankte sich für das Buch und ermutigte mich, weiter an meiner Karriere zu arbeiten. Ich war von seiner Großzügigkeit und Liebe überwältigt. Kaum zu glauben, dass er sich die Zeit genommen hatte, mir persönlich zu antworten!

Ein paar Monate später nahm ich in New York an einer Veranstaltung von Hay House teil, in der Wayne als Hauptredner auftrat. Ich saß in der ersten Reihe und hing an seinen Lippen.

Mitten im Vortrag schnappte er sich ein Buch von einem Tisch, der auf der Bühne stand, und fing an, von einer neuen jungen Autorin zu reden, die gerade ihr erstes Buch herausgebracht hatte. »Diese junge Frau«, sagte er, »wird eines Tages auch auf dieser Bühne stehen und vor einem ebenso großen Publikum sprechen. Sie wird eine großartige Lehrerin sein, und ich wünsche mir, dass sich jeder von euch das Buch von ihr kauft.« Dann kam es: »Gabrielle Bernstein, steh doch bitte auf und begrüße das Publikum!« Ich war völlig perplex! Irgendwie hatte ich nicht mitgekommen, dass er die ganze Zeit von mir geredet hatte! Ich stand auf, winkte dem Publikum zu und dankte Wayne für seine Großzügigkeit. Ich war überwältigt und glücklich zugleich.

Drei Jahre vergingen, und ich veröffentlichte drei weitere Bücher. Meine Vision von mir als Referentin, Autorin und spirituelle Lehrerin nahm langsam Formen an. Je mehr Spaß ich an dem Prozess hatte und mich auf den Aspekt der Hingabe und der Freude an der Arbeit konzentrierte, desto mehr Unterstützung erhielt ich vom Universum. Eines Tages war es dann so weit. 2014 betrat ich in New York die Bühne des Javits Center, um einen Vortrag zu halten. Als ich all die vielen Leute im Publikum sah, wurde mir bewusst, dass Wayne vor Jahren an exakt dieser Stelle gestanden und diesen Moment vorhergesehen hatte. Nun hatte meine langjährige Vision wirklich Gestalt angenommen: »Du wirst, was du denkst.«

Harte Arbeit, Leidenschaft und Engagement können uns all die Unterstützung einbringen, die wir brauchen, um unsere Lebensaufgabe zu erfüllen. Gewissheit im Hinblick auf den Ausgang aber ist die Geheimzutat! Sie verleiht uns ein Gefühl von Wissen und Vertrauen, in das wir uns entspannt hineinfallen lassen können. Meine absolute Lieblingspassage aus *Ein Kurs in Wundern* lautet:

»Diejenigen, die sich des Ausgangs gewiss sind, können es sich erlauben, zu warten, und ohne Ängstlichkeit zu warten.«

Diese Passage gibt mir Kraft. Jeder von uns sehnt sich nach Gewissheit im Leben, aber in unserer Welt scheint es sie nirgends zu geben. Wir haben gelernt, an Angst, Machtlosigkeit und Zweifel zu glauben. Mit den Botschaften dieses Buchs will ich diese einschränkenden Überzeugungen hinterfragen und dich ermutigen, dir eine neue Perspektive zu eröffnen, die es dir erlaubt, dich ganz auf einen Weg und eine Kraft zu verlassen, die größer sind als du. Wenn du dir zugestehst, große Träume zu träumen, und du lernst, deiner inneren Weisheit zu vertrauen, winkt dir als Lohn die Gewissheit.

LEKTION DES UNIVERSUMS: Um Gewissheit zu erlangen, musst du dich tief im Innern danach sehnen, frei von Angst zu sein.

Mich bewusst für die Freiheit von Angst zu entscheiden, gab mir die Kraft, mich in einer ungewissen Welt der Gewissheit zu öffnen. Wenn ich hier von Freiheit rede, meine ich jenes Gefühl von innerem Frieden, wie es nur aus einem tief empfundenen Vertrauen ins Universum erwachsen kann. Solange wir uns auf die Welt verlassen, verharren wir in der Angst. Verlassen wir uns hingegen auf das Universum, kann Frieden einkehren.

Das Gefühl von Freiheit und Frieden gerät oft ins Wanken, vor allem, wenn wir uns in einer Situation ohnmächtig fühlen. Es kann in unserem Leben vieles passieren, das uns ein Gefühl des Kontrollverlusts gibt – der Tod eines geliebten Menschen, eine erschreckende Diagnose oder die Nachricht von einer furchtbaren Katastrophe irgendwo auf der Welt. Dies sind Momente, in denen wir das Vertrauen verlieren.

Aber selbst wenn alles prima zu laufen scheint, kann uns das unser Vertrauen kosten. Ich bekomme immer wieder mit, wie sich Leute dank einer hingebungsvollen spirituellen Praxis ein großartiges Leben schaffen konnten. Doch dann holt die Angst sie ein, und sie sagen sich Sätze wie: »Das ist zu schön, um wahr zu sein« oder »Das ist zu gut, um von großer Dauer zu sein«. Und die Realität bestätigt ihre Worte prompt. Aber auch das ist in Ordnung. Mach dir nur klar, dass wir darauf programmiert sind, mehr auf den Glauben an die Angst als auf die Gewissheit der Liebe zu setzen.

Den kreativen Strom der Liebe in uns zu spüren – das ist es, wonach wir uns sehnen. Oft suchen wir nach diesem Gefühl im Alkohol, bei einem Liebespartner oder in irgendeiner Form von weltlichem Erfolg. Wenn ich mich an die Zeit meiner Sucht zurückerinnere, wird mir klar, dass auch ich auf der Suche nach ebendiesem kreativen Flow gewesen bin. Ich habe ihn nur an der falschen Stelle gesucht. Als ich die Sucht hinter mir ließ, wandte ich mich nach innen und richtete mich wieder auf die Energie der Liebe aus. Dass ich mich im Gebet und in der Meditation auf mein inneres Erleben konzentrierte, stärkte mein Vertrauen in die Liebe des Universums, und meine Gewissheit wuchs. Ich merkte, dass ich nur einen Schritt zurückzutreten brauchte, damit die kreative Kraft der Liebe durch mich zum Ausdruck kommen konnte. Das war der Moment, in dem ich wirklich zu leben begann.

Die folgenden Schritte stärken dein Vertrauen in den Weg der Gewissheit. In *Ein Kurs in Wundern* heißt es:

»[…] dass Vertrauen jedes Problem jetzt regeln würde«.

Die Übungen helfen dir, in ein Gefühl der Gewissheit zu finden, das dich begleitet, ganz gleich, was in deinem Leben geschieht. Sammle Vertrauensmomente, und gib dich der Gewissheit hin.

Schritt 1: Sei bereit.

Bereit zu sein ist der erste Schritt auf dem Weg zur Gewissheit. Nimm dir einen Moment Zeit, um die folgenden Fragen zu beantworten.

> Bist du bereit, dich aus den Darstellungsweisen, Ängsten und Begrenztheiten der Welt zu lösen?
> Bist du bereit, deine größten Visionen über die Kleinlichkeit deiner Angst zu stellen?
> Bist du bereit, vergangene Geschichten, Erfahrungen und Umstände loszulassen, die dich in den Zweifel führen?

Wenn du diese Fragen mit Ja beantwortest, ist der Anfang schon gemacht. Vergiss nicht: Du musst nicht wissen, wie du diese Einschränkungen loslassen kannst. Du musst nur bereit dazu sein.

> Was wäre, wenn du aus dem Vertrauen und der Gewissheit heraus leben könntest?

Schreib deine Antwort jetzt auf: *Den Zweifel loszulassen, schenkt mir die Gewissheit und das Vertrauen, um*

_____

_____

Bekenne dich zu deiner Aussage, und löse damit Gewissheit aus.

Schritt 2: Denke es. Fühle es. Glaube es.

Der zweite Schritt auf dem Weg zur Gewissheit ist, dir noch einmal bewusst zu machen, dass du dir mit deinen Gedanken und Visionen deine Realität erschaffst. So wie sich meine Vision verwirklicht hat, eines Tages auf derselben Bühne wie Wayne zu stehen, kannst auch du dir deine Welt erschaffen, wie du sie sehen willst.

Die folgende Meditation hilft dir, in den kreativen Prozess zu gehen. Ich leite dich darin an, dich auf deinen größten Wunsch zu fokussieren. Spüre während der Meditation in deine emotionale Verbundenheit zu diesem Wunsch hinein. Lass das Ziel los, und genieße die Gefühle, die das Wünschen begleiten, in dem Wissen, dass das Universum auf deine positiven Emotionen reagieren wird.

LEKTION DES UNIVERSUMS: Die Frequenz deiner Schwingungen entscheidet über das, was du erlebst.

Bevor wir anfangen, leg dir dein Tagebuch und einen Stift bereit. Du wirst beide unmittelbar nach der Meditation brauchen.

Wenn du die Meditation klanglich untermalen möchtest, kannst du das folgende Kundalini-Mantra chanten oder im Hintergrund hören: *Ek Ong Kar Sat Gur Prasad Sat Gur Prasad Ek Ong Kar.* Es bedeutet etwa: »Es gibt nur einen Erschaffer der gesamten Schöpfung« und ist das einzige Kundalini-Mantra, das von einer Warnung begleitet ist: Was immer du denkst, während du es hörst oder singst, wird sich in deinem Leben manifestieren. Es versetzt dich in einen Zustand, in dem die Manifestationskraft deiner Gedanken noch stärker als gewöhnlich ist. Achte einfach auf deine Gedanken, während du es hörst, und lenke sie bewusst auf das, was du dir wünschst.

Unter www.GabbyBernstein.com/Universe kannst du den Mantra-Gesang über Spotify herunterladen.

Beginne deine Meditation in der Stille oder mit dem Hören oder Chanten des Mantras.

Setz dich bequem auf den Boden oder einen Stuhl und schließ die Augen.

Zieh die Schultern zurück, und richte deine Wirbelsäule auf.

Leg deine Hände auf die Oberschenkel, sodass deine Handflächen nach oben weisen, um die Energie des Universums zu empfangen.

Nimm einen tiefen Atemzug, sodass sich dein Zwerchfell dehnt. Beim Ausatmen darf es sich wieder zusammenziehen. Behalte diese Art des Atmens in langen, tiefen Zügen während der gesamten Meditation bei.

Nimm dir einen Moment Zeit, um dir einen Wunsch ins Bewusstsein zu holen, den du schon seit geraumer Zeit in dir trägst. Mag sein, dass du dich nach einer Liebesbeziehung sehnst oder nach einem Gefühl von körperlichem oder emotionalem Frieden. Vielleicht wünschst du dir auch ein Baby, oder du möchtest zu einem Ort der Klarheit und Inspiration gelangen.

Nimm deinen Wunsch jetzt wohlwollend zur Kenntnis. Und nun intensiviere diesen Wunsch.

Stell dir vor, wie du das, wonach du dich sehnst, tatsächlich auslebst. Sieh dich Hand in Hand mit deinem Geliebten spazieren gehen. Oder sieh deinen Körper, wie er frei von Schmerz und Krankheit ist. Welche Bilder steigen in dir auf? Lass deinen Geist wandern und dich von ihm mit kreativen Visionen beschenken.

Schau dir die Visionen genau an, die dir zuteilwerden. Wenn du zu irgendeinem Zeitpunkt der Meditation Zweifel oder

Angst in dir aufsteigen spürst, nimm das Gefühl einfach zur Kenntnis.

Spüre es in deinem Körper und lass es vorüberziehen. Du brauchst die Angst oder den Zweifel nicht beiseitezuschieben. Lass das Gefühl während deiner kreativen Meditation ganz einfach kommen und gehen. Nimm es zur Kenntnis, und kehre zur Vision deines Wunsches zurück.

Lass noch mehr Bilder dazu in dir aufsteigen.

Vertiefe deinen Atem. Er hilft dir, deine physische Energie mit den Emotionen deiner kreativen Ideen in Einklang zu bringen.

Lass dich auf ganz natürliche Weise von dem Gefühl durchströmen, das deine Bilder in dir auslösen.

Bleib noch fünf oder zehn Minuten bequem sitzen, um die Energie dieses kreativen Stroms zu genießen.

(Wenn du mit dem Mantra arbeiten möchtest, kannst du das *Ek Ong Kar Sat Gur Prasad Sat Gur Prasad Ek Ong Kar* singen.)

Wenn du bereit bist, nimm einen tiefen Atemzug, und lass deine Visionen dann los. Öffne die Augen, und kehre mit deiner Aufmerksamkeit in den Raum zurück.

Schlag sofort nach der Meditation dein Tagebuch auf. Schreib oben auf die Seite folgendes Gebet:

Danke, innere Weisheit, dass du durch mich hindurch schreibst.
Ich lade die liebevolle Energie des Universums ein,
die Führung zu übernehmen und mich an einen Ort der
Gewissheit zu geleiten.

Notiere in dieser Übung im freien Schreiben zehn Minuten lang alles, was dir in den Sinn kommt. Beschreib die Visionen, die

du empfangen hast. Lass den Stift einfach über das Papier glei-
ten, und übe keinerlei Zensur aus.

Schritt 3: Geh in Dialog mit dem Universum.

Nimm dir anschließend einen Moment Zeit, um zu lesen, was
du aufgeschrieben hast. Lass dich von den Inspirationen und
Ideen bewegen, die durch dich den Weg aufs Papier gefunden
haben. Gesteh dir zu, verletzlich zu sein, und verbinde dich
mit deinen Bildern. Erlaube dem Universum, dir mithilfe dieser Schreibübung Botschaften zu senden oder dich auf deinem
Weg zu bestärken.

Mag sein, dass du nichts aufgeschrieben hast, was auf eine
tiefere Verbundenheit schließen lässt oder besonders inspiriert
wäre. Das macht gar nichts. Neue Beziehungen kommen nicht
immer sofort in Schwung. Ich habe die Erfahrung gemacht,
dass es Zeit, Entschlossenheit und Überzeugung braucht, um
mit dem Universum in Kontakt zu kommen. Diese Übung ist
die erste in diesem Buch, bei der du versuchst, in einen direk-
ten schriftlichen Dialog mit der göttlichen Inspiration zu treten. Praktiziere das freie Schreiben von nun an regelmäßig, und
beziehe es in deine tägliche Meditation ein.

Wenn du dich auf diese Weise öffnest und das Gespräch
mit dem Universum suchst, beginnt eine ganz neue Phase deiner Beziehung. Gib dich hin, und lass dich von der Energie
der Liebe durchströmen, dann fließen dir die Inspirationen,
Ideen und intuitiven Gedanken wie von allein zu. Mit zunehmender Übung wirst du mehr und mehr in den Genuss von
liebevoller Weisheit kommen. Worte und Ideen, die du dir
selbst nie hättest willentlich ausdenken können, werden ihren
Weg aufs Papier finden. Womöglich verändert sich sogar deine
Handschrift, und du wirst Begriffe gebrauchen, die über deinen üblichen Sprachschatz hinausreichen. Bewerte und korri-

giere nicht, was du schreibst. Lass einfach die Weisheit in dir fließen.

Je vertrauter dir diese Form des Kontakts wird, desto stärker wirst du die Kraft spüren, die unablässig in deinem Sinne wirksam ist. Auf ganz natürliche Weise wirst du zum Kanal für die Energie der Liebe. Ob wir uns dessen bewusst sind oder nicht – wir alle funktionieren immer und jederzeit als Kanal. Wir channeln entweder Gedanken der Angst oder die Stimme der Liebe. Wenn wir beten und meditieren, gehen wir unmittelbar mit der Liebe in Verbindung und geben uns der höheren Weisheit hin. Wir müssen uns täglich neu entschließen, die Liebe zu wählen, uns auf ihre Frequenz einzuschwingen und mit dem Universum in Dialog zu sein. Auf diese Weise wächst in uns die Gewissheit, dass wir geführt werden und Unterstützung erhalten.

Mit dieser Gewissheit zu leben macht so viel Spaß! Es erlaubt uns, mit einem Gefühl von Sicherheit und Stärke durch den Alltag zu gehen. Wir fühlen uns nicht mehr von anderen getrennt oder außer Takt geraten. Wir empfinden eine bislang unbekannte Form von Verbundenheit, die sich nicht aus materiellem Besitz, Titeln, Trophäen, Abschlüssen und so weiter beziehen lässt. Sie ist immerwährend und voller Vertrauen, und sie macht frei.

Schritt 4: Werde zum Mitschöpfer des Universums.

Der letzte Schritt auf dem Weg zur Gewissheit ist, zum Mitschöpfer des Universums zu werden. Spüre in die Bilder und Emotionen hinein, die dir in deiner Meditation und der Übung im freien Schreiben gegeben wurden. Wenn du sie dir nun ins Gedächtnis rufst, wie würde es sich anfühlen, tatsächlich in dieser Welt zu leben? Fühle dich in Gedanken ein, wie es wäre, in deiner Wunschwelt zu leben.

Ich weiß noch, wie ich mich als Single mit Ende zwanzig nach einem Mann sehnte. Viele meiner Freundinnen zogen damals gerade mit ihrem Freund zusammen und verlobten sich, und so war es mein größter Wunsch, die Liebe meines Lebens zu manifestieren. Statt mich von Angst und Zweifeln entmutigen zu lassen, wandte ich mich mit meinem Anliegen ans Universum und bat um Hilfe.

Ich erklärte meine Bereitschaft, mich zu verlieben. In kreativen Visualisierungen und Meditationen ließ ich mich die romantischen Gefühle spüren, nach denen ich mich sehnte. Diese Emotionen nahm ich in den Alltag mit. Wo auch immer ich war, ich ließ tagsüber immer wieder in mir die Gefühle von Begehren, Liebe, Romantik und Aufregung aufleben, die ich morgens, auf dem Meditationskissen sitzend, heraufbeschworen hatte. Ich ging durch die Straßen von New York City, als hätte ich meinen Geliebten schon an meiner Seite. Ich stellte mir vor, wie wir uns bei den Händen hielten, und fühlte mich ihm nahe und von ihm geliebt.

Dies ist eine hochkreative Übung. Sie ließ mich eine geradezu magnetische Anziehungskraft etwickeln. Nachdem ich mich eine Woche lang laufend in die Liebesgefühle eingehüllt hatte, wurde ich plötzlich dauernd eingeladen. Aus heiterem Himmel riefen mich Männer an, und ich merkte, wie mir wildfremde Kerle auf der Straße mit ihren Blicken folgten. Ich strahlte die superattraktive Energie von Liebe und Romantik aus.

Wenn du niedergeschlagen, von Zweifeln geplagt und traurig durch die Gegend läufst, kann das Universum dir keine hochfrequente, positive Schwingung schicken. Rufst du in dir hingegen die Emotionen wach, die du empfinden möchtest, setzt du damit den Manifestationsprozess in Gang, und deine Wünsche werden dir zurückgespiegelt.

Probiere es eine Woche lang einmal am Tag aus, und schau, was passiert. Geh in die Gefühle, die du fühlen möchtest, und lass sie durch dein Energiefeld nach außen strahlen, wenn du unter Leute kommst. Lass diese Gefühle der Freude und der Sehnsucht daran mitwirken, dir das zu erschaffen und in dein Leben zu rufen, was du wirklich willst.

Gehst du auf deinen Alltagswegen bewusst in die Gefühle, die du empfinden willst, ganz gleich, was rings um dich geschieht, stärkt das dein Vertrauen, und deine Gewissheit wächst; denn selbst wenn dein Wunsch im Außen noch nicht Gestalt angenommen hat, manifestiert er sich bereits in deinen Emotionen. Neun Monate bin ich bei meiner Übung geblieben und habe mich in der beschriebenen Weise in Gefühle von Liebe und Romantik gehüllt. Ich war die ganze Zeit sicher, dass mein Partner bereits auf dem Weg zu mir ist. Selbst wenn einmal ein Treffen mit einem Mann danebenging oder der versprochene Anruf ausblieb, kehrte ich schnell zu meinem Wunschgefühl zurück und ging wieder ins Vertrauen. Dieses Vertrauen und diese Gewissheit waren es, die mich in dieser ganzen Zeit empfänglich bleiben ließen und es mir letztlich erlaubten, den liebevollen Partner anzuziehen, mit dem ich heute verheiratet bin.

Im Laufe der Zeit werden sich auch deine Visionen mühelos in deiner Realität manifestieren. Dann wirst du mit eigenen Augen erleben, dass das, was du erschaffst, eine direkte Reflexion des Vertrauens und der Gewissheit ist, die du ins Universum setzt. Und was besonders wichtig ist: Wenn du auf diese Weise zum Mitschöpfer wirst und dir gemeinsam mit dem Universum deine Wirklichkeit schaffst, dienst du der Welt in großzügiger Weise, denn dann bist du ein wahrer Ausdruck der Freude.

Wir sollten unbedingt darauf achten, wie wir unsere Verbindung mit dem Universum einsetzen. Ich kenne nur zu viele

Menschen, die sich ihr aus einer falschen Geisteshaltung heraus nähern und sich in ein obsessives Mit-erschaffen-Wollen verstricken. Ich denke da zum Beispiel an meinen Freund Sam. Ein ganzes Jahr lang versuchte er zwanghaft, im Job eine Beförderung zu manifestieren. Dass er sich darauf mit aller Macht fokussierte, ließ ihn jedoch gleichzeitig bedürftig und kontrollierend wirken. Er ging den Leuten energetisch auf die Nerven. Mit seinem Bemühen, »die Karriereleiter raufzufallen«, verscherzte er es sich mit seinem Chef so sehr, dass er nie den Posten bekam, den er eigentlich verdient hätte. Ich half Sam, zu erkennen, dass er mit seinem kontrollierenden Wunsch in Wirklichkeit die Unterstützung des Universums blockierte. Es war nichts Schlimmes daran, die höhere Position zu wollen, aber stell dir vor, was passiert wäre, wenn er sich stattdessen gewünscht hätte, wirklich Freude an seiner Arbeit zu haben und den Kunden, seinen Kollegen und der Firma zu dienen? Verschieben wir unseren Fokus von dem, was wir »kriegen« möchten, auf das, was wir fühlen möchten, kann das Universum in unserem kokreativen Prozess in Aktion treten.

Wenn wir mit einer gierigen, manipulativen Energie in diesen Prozess gehen, können wir zwar immer noch den Wunsch manifestieren, den wir vor Augen haben, aber es bringt uns langfristig nichts. Mag sein, dass die Beziehung oder der Geschäftsabschluss zustande kommt, aber wir werden daraus nicht die erwünschte Seelennahrung und dauerhafte Zufriedenheit beziehen. Wir betrügen uns um die Freude und den lang anhaltenden Gewinn, den uns die oben beschriebenen Schritte versprechen. Sind wir mit den Gefühlen in Einklang, die uns echte Freude bringen, kommt uns das Universum zu Hilfe.

Wir alle geraten in unserem Wunsch zu manifestieren mitunter auf die Ego-Schiene. Das ist nur menschlich. Ich habe

Sams Geschichte lediglich erzählt, weil ich mir wünsche, dass du achtsam bleibst und bereit bist, dich selbst sanft zur Wahrheit zurückzuleiten, falls du dich in obsessive Vorstellungen verstrickst, wie etwas unbedingt zu laufen hat. Statt zwanghaft auf dein Ziel zu starren, konzentriere dich lieber darauf, wie du dich fühlen möchtest.

Du kannst dich aus deiner bedürftigen, kontrollierenden Haltung befreien, wenn du im Gebet nicht länger um das bittest, was du zu brauchen glaubst, sondern das höchste Wohl des Ganzen in den Vordergrund stellst. Dann nämlich rückt deine eigene Agenda aus dem Fokus. Du vertraust dich dem Plan des Universums an und lässt den deinen los. Vergiss nicht, dass das Universum nicht auf Manipulationen reagiert. Das Universum reagiert auf Liebe.

Gewissheit bringt eine Energie des Friedens hervor. Das Ziel ist, in unserer Welt zu leben, aber an eine friedliche, liebevolle Welt jenseits von ihr zu glauben. Mit dem Glauben an eine Welt jenseits des Ortes unserer physischen Existenz öffnen wir die Tür für echten Frieden. *Ein Kurs in Wundern* sagt:

»Du bist in Frieden, und du bringst Frieden mit,
wohin auch immer du gehst.«

Akzeptieren wir, dass innerer Frieden etwas ist, wozu wir uns bewusst entscheiden, verändert sich unsere Weltsicht. In dem Augenblick, in dem wir dieses Verständnis verinnerlichen und in unserem spirituellen Bewusstsein verankern, fängt dieser Frieden an, sich in uns auszubreiten.

Wenn ich dir im Folgenden einen Einblick in meine spirituelle Weltsicht gebe, will ich dich damit inspirieren, deine eigene zu entwerfen.

Ich glaube an Engel, Geistführer, aufgestiegene Meister und eine Gemeinschaft liebevoller Wesenheiten, die uns allzeit führen, damit wir uns der Liebe zuwenden und die Ängste unserer Welt verlernen können. Ich glaube, dass das Universum eine allgegenwärtige Energie der Liebe ist, die in und um uns existiert. Ich glaube, dass wir uns in jedem beliebigen Moment in Gebet, Kontemplation und Stille auf diese machtvolle Gegenwärtigkeit der Liebe einschwingen können. Wir können den Frieden in uns anhand unserer Fähigkeit bemessen, uns mit diesem universalen Kraftfeld in Einklang zu bringen. Ich vertraue den spirituellen Führern genauso, wie ich meinem Mann oder meiner Mutter vertraue. Ich glaube fest an sie und weiß, dass sie durch mich hindurch wirken, um mein Vertrauen in das Universum zu vertiefen. Und am stärksten ist in mir der Glaube, dass wir hier und jetzt in diesem unserem Körper sind, um große spirituelle Lektionen zu meistern. In dem Maße, wie wir uns dem Licht und der transformativen Kraft dieser Lektionen öffnen, werden wir geführt, um dem Rest der Welt dieses Licht zu bringen. Ich nähre diesen Glauben täglich im Gebet und in der Meditation. Diese Gewissheit macht mich frei.

Ich habe sechsunddreißig Jahre und viele frühere Leben gebraucht, um mir diese Überzeugungen voll und ganz zu eigen zu machen. Und heute kann ich aus ganzem Herzen sagen, dass meine Gewissheit der größte Segen ist, den ich jemals empfangen habe.

Es ist meine Aufgabe, dir zu helfen, deine eigene Gewissheit zu finden. Vielleicht liegt dein Glaube in religiösen Überzeugungen. Vielleicht schließt du dich an das Universum an, wenn du eine große Runde joggst oder Zeit mit deinen Kindern verbringst. Wie du die Verbindung aufnimmst, ist nicht entscheidend. Mir ist nur wichtig, dass du eine Beziehung mit einer Kraft eingehst, die über die Grenzen deines eigenen Verständnisses hinausreicht. Je mehr Energie und Zielstrebigkeit du in deinen Glauben investierst, desto furchtloser und freier wirst du sein. Mit deiner angstlosen Freiheit trägst du das Licht in die Welt.

Wenn uns in anderen Menschen Gewissheit begegnet, erinnern wir uns daran, dass auch wir eine Wahrheit in uns tragen. Es war Wayne Dyers Gewissheit und sein absoluter Glaube an das Universum, die mich zu ihm hinzogen. Sein Glaube stärkte den meinen. Ich widme dieses Kapitel dem Leben von Wayne. Wenige Tage, bevor ich dies schreibe, hat er seinen Körper verlassen. Mein Herz ist schwer, und Millionen von Menschen überall auf der Welt empfinden tiefe Trauer über diesen Verlust. Aber tief im Innern weiß ich mit Gewissheit, dass Waynes Geist, sein Enthusiasmus und seine Führung uns niemals verlassen werden.

Während deiner Arbeit mit diesem Buch werde ich dich immer wieder ermutigen, auf deine eigene spirituelle Überzeugung zu vertrauen. Um dir zu helfen, deinen Weg hin zur Gewissheit zu beschreiten, bitte ich dich, dir einen Moment Zeit zu nehmen und dich zu fragen, was die Energie des Universums, von Gott oder der geistigen Welt für dich bedeutet. Es gibt keine richtige oder falsche Antwort, solange du der Liebe verpflichtet bist.

Dein Vertrauen ins Universum wird täglich wachsen und sich vertiefen. Nimm jetzt einfach wohlwollend zur Kenntnis, wo du stehst, und vertraue auf das, was du heute glaubst. Wir können den Schleier jeden Tag ein klein wenig weiter lüften und uns aus der Dunkelheit ins Licht bewegen, aus der Angst ins Vertrauen und vom Nicht-Glauben zur Gewissheit.

Lass uns den Weg zur Gewissheit, mit dem wir uns in diesem Kapitel befasst haben, noch einmal rekapitulieren:

> Der Weg zur Gewissheit fängt mit deiner Bereitschaft an. Sei bereit, dich von jetzt auf gleich für die Freiheit zu entscheiden.

> Spüre in der Meditation in die Gefühle hinein, die deinen Wunsch begleiten.

> Nimm mit der Schreibübung den Dialog mit dem Universum auf.

> Werde bewusst zum Miterschaffer deiner Realität, indem du die Gefühle in dir aufsteigen lässt, die du dir wünschst, und im Laufe des Tages immer wieder in sie hineinspürst.

> Hör auf, für einen bestimmten Ausgang zu beten. Bete lieber für das höchste Wohl des Ganzen.

> Werde dir über deine spirituelle Weltsicht klar. Dein Verständnis wird sich laufend verändern und wachsen. Würdige heute deine Beziehung zum Universum, so wie sie jetzt gerade ist.

In *Ein Kurs in Wundern* heißt es:

»Ich mache die Welt von allem los, wofür ich sie hielt, und wähle meine eigene Wirklichkeit an ihrer statt.«

Wenn du auf Gewissheit und Vertrauen baust, veränderst du damit deine Haltung zur Welt, wie du sie siehst. Dein Glaube hat die Kraft, Trauma in Heilung, Konflikt in Weiterentwicklung und Angst in Liebe zu verwandeln. Vertiefe deine Verbindung zum Universum Schritt für Schritt mit jeder Meditation, jedem Gebet und jedem positiven Wunsch ein wenig mehr.

Im nächsten Kapitel bauen wir auf dein Vertrauen ins Universum auf, das in dem Maß wachsen wird, wie du erkennst, auf welche Weise es zu dir spricht. Die Übungen und Geschichten in Kapitel 8 werden dir helfen, deinen täglichen Dialog mit dem Universum zu vertiefen, sodass die Gegenwärtigkeit der Liebe eine neue Rolle zu spielen beginnt. Du darfst gespannt sein, was nun kommt ...

KAPITEL 8

DAS UNIVERSUM SPRICHT AUF RÄTSELHAFTE WEISE

Im Jahr 2008 machte ich mich gemeinsam mit meiner Mutter auf den Weg nach Brasilien, um das Medium John of God zu besuchen. Er channelt Geistwesen, um Wunderheilungen und spirituelles Wachstum zu bewirken. Dass ich nach Brasilien fuhr, hatte in erster Linie damit zu tun, dass ich meine Mutter auf ihrer abenteuerlichen Reise begleiten wollte. Der Gedanke, sie allein fahren zu lassen, gefiel mir einfach nicht. Aber tief im Innern wusste ich, dass es auch für meine eigene Entwicklung wichtig war, mitzukommen.

Am Abend vor unserem Besuch bei John of God empfahl uns unser Gruppenleiter, uns darüber bewusst zu werden, welche Form von Heilung und Führung wir empfangen wollten. Ich weiß noch, wie ich in dieser brasilianischen Herberge in meinem spärlich beleuchteten Zimmer saß und meine Wünsche in mein Tagebuch schrieb. Ganz oben auf die Seite kam der Satz: *Ich möchte Gott wirklich kennenlernen, um frei zu sein und authentisch lehren zu können.*

Außerdem wollte ich John of God um Unterstützung für mein Buch *A Hip Guide to Happiness* bitten. Damals hatte ich noch nicht einmal einen Verlag dafür gefunden. Aber ich schrieb den Wunsch trotzdem auf, weil mir sehr daran gelegen war,

meine spirituellen Erfahrungen an ein Publikum von Suchen-
den zu bringen, die am Anfang ihres Weges standen. Ich notierte
in meinem Tagebuch: *Danke, geistige Welt, dass du mich zu den richtigen Leuten in der Buchbranche führst, die mir helfen können, meine
Botschaft in die Welt zu tragen.*

Am nächsten Tag trug ich John of God meine Anliegen
vor und empfing seinen Segen. Während meines Brasilien-
aufenthalts begegnete ich einigen unglaublichen Menschen,
unter anderem einer wunderbareren Schamanin, die Reise-
gruppen betreute. Sie hieß Heather Cumming und war zugleich John of Gods Dolmetscherin. Zur Zeit meines Besuchs
schrieb sie gerade an den letzten Seiten ihres Buchs *John of
God: The Brazilian Healer Who's Touched the Lives of Millions.* In
unserer Gruppe war auch eine Japanerin namens Setsuko, die
spirituelle Bücher übersetzte. Sie war nach Brasilien gekommen, um John of God persönlich zu erleben und sich mit
Heather zu treffen, deren Buch sie ins Japanische übertragen
wollte.

Während meines zweiwöchigen Aufenthalts in Brasilien saßen
Setsuko und ich oft beisammen und unterhielten uns über die
Buchbranche. Ich erzählte ihr von meinem Werk und wie be-
reit ich sei, einen Verlag dafür zu finden. Obwohl sie mich nicht
kannte, spürte sie eine seltsame Gewissheit, dass es die Welt
bewegen würde. Am Tag unserer Abfahrt verabschiedete sich
Setsuko von mir mit den Worten: »Viel Glück mit deinem Buch!
Ich hoffe, dass ich es eines Tages ins Japanische übersetzen werde.«
Ich bedankte mich lächelnd für ihre Großzügigkeit und Unter-
stützung.

Innerhalb weniger Monate nach meinem Besuch bei John
of God hatte ich den erhofften Autorenvertrag in der Tasche.
Es dauerte nur vier Monate, bis mein Buch fertig bearbeitet
und veröffentlicht war. Das Ganze lief viel schneller als normal!

Ich vertraute fest darauf, dass das Universum alles Weitere richten würde.

Ein halbes Jahr nachdem das Buch herausgekommen war, besuchte ich das Omega Center, ein spirituelles Zentrum in Rhinebeck, New York. Ich aß mit einem italienischen Freund zu Mittag, der überlegte, wie er an Aufträge für Buchübersetzungen herankommen könnte. »Kennst du jemanden, der Übersetzungen macht und mir Tipps geben könnte?«, fragte er mich. »Ich kenne bis jetzt nur eine Übersetzerin. Sie heißt Setsuko und lebt in Japan. Ich weiß noch nicht einmal, wie ich sie kontaktieren kann. Aber ich schau, was sich machen lässt.«

Eine Viertelstunde später machten wir uns auf den Weg zum Omega-Café, um noch einen Tee zu trinken. Auf der Treppe zum Geschenkeladen kamen mir ein Mann und eine Frau entgegen, und ich schaute auf. Es war Setsuko! »Ich habe gerade von dir geredet!«, rief ich. »Was um Himmels willen machst du in den Staaten?« »Ich kann kaum glauben, dass ich dich hier treffe!«, meinte sie. »Gerade habe ich im Buchladen dein Buch gekauft. Ich war so stolz auf dich, dass du es geschafft hast!«

Wir tranken gemeinsam Tee und erzählten uns, was seit unserer letzten Begegnung geschehen war. Wir hatten kaum ein paar Minuten gesprochen, als sie sagte: »Ich weiß, dass mich das Universum zu dir geführt hat, damit ich dein Buch ins Japanische übersetzen kann. Ich werde es in meinem Verlag vorstellen und schauen, was ich tun kann!« Wir bedankten uns beim Universum für diese Führung, verabschiedeten uns und gingen wieder unserer Wege. Es war eine wunderbare Begegnung, und auch mein italienischer Freud freute sich, denn er konnte nicht nur einen tollen Kontakt knüpfen, sondern bekam auch wichtige Hinweise, die ihm halfen, als Buchübersetzer ins Geschäft zu kommen.

Drei Monate später unterzeichnete ich den Vertrag für die japanische Ausgabe von *A Hip Guide to Happiness*. Setsuko war die Übersetzerin. Seither hat sie für alle meine Bücher mitgeboten – wer weiß, vielleicht wird sie auch dieses hier übersetzen!

Die Synchronizität der Ereignisse, die hier im Spiel war, zeigt deutlich, dass uns das Universum immer führt, wenn wir unsere Energie und Absicht zielgerichtet bündeln. Geben wir unsere Erwartungen an den Ausgang ab und kommen in Fluss mit der Energie der unbegrenzten Möglichkeiten, lässt die Reaktion des Universums nicht lange auf sich warten.

Vielleicht hast du selbst schon solche Formen von unzweideutiger Synchronizität erlebt, etwa wenn du an einen nahestehenden Menschen denkst und er dich just in dem Augenblick anruft, in dem du selbst zum Telefonhörer greifst. Oder du machst eine beiläufige Bemerkung, und eine Stunde später passiert genau das, was du vorhin gesagt hast. Solche Dinge passieren dir wahrscheinlich laufend, und wenn sie geschehen, bist du jedes Mal verblüfft und kannst es kaum fassen. Du magst das Ganze dem Zufall zuschreiben, in Wirklichkeit aber steckt sehr viel mehr dahinter. Mit solchen Synchronizitäten führt das Universum dich exakt dorthin, wo du gerade sein sollst. Schließt du dich an die liebevolle Frequenz des Universums an, lernst du, ein Leben jenseits der Beschränkungen der Welt zu führen. Eindeutige, unmissverständliche Hinweise weisen dir den Weg, und du merkst, wie viel Unterstützung du im Innen und im Außen findest. In diesem Kapitel will ich dir helfen, dich voll und ganz für diese universale Unterstützung zu öffnen und dich ihr hinzugeben, indem du klare Absichten fasst und dich mit dem höchsten Wohl verbindest.

Schritt 1: Begreife, dass Wunder natürlich sind.

Wenn wir uns im Einklang mit dem Universum befinden, kommt es in unserem Leben zu vielen wundersamen, mysteriösen Synchronizitäten. Diese mögen zunächst abenteuerlich und unerklärlich erscheinen, aber je mehr dein Vertrauen wächst, desto häufiger begegnen sie dir. *Ein Kurs in Wundern* lehrt:

> »Wunder sind natürlich. Wenn sie *nicht* geschehen, ist etwas fehlgegangen.«

Unser friedvoller, liebevoller Instinkt und unsere Verbundenheit mit der Liebe des Universums sind etwas Natürliches. Unnatürlich ist dagegen die Angst, die sich dieser Verbundenheit widersetzt. Angst blockiert gemeinsam mit Schuldgefühlen, Abgrenzung und Angriffshaltungen die Wunder, die uns jederzeit zur Verfügung stehen. Glauben wir an die Liebe des Universums und lassen uns von ihr durchströmen, werden wir damit zum Kanal für den Empfang von wunderbaren Geschenken und großartiger Führung. Bleiben Synchronizitäten aus und haben wir das Gefühl, dass es uns an Führung fehlt, ist das ein klares Zeichen dafür, dass wir in unsere alten, angstbasierten Muster zurückgefallen sind.

Unsere spirituelle Reise ist ein Weg, uns darauf zu besinnen, dass wir voll von Liebe sind. Je mehr wir diese Wahrheit verinnerlichen, desto mehr Wunder werden wir erleben. Wir begreifen, dass sie ganz natürlich zu unserem Wesen mit dazugehören. Wenn wir ein Leben voller Liebe führen, führen wir auch ein Leben voller Wunder.

Nun erwarte ich nicht, dass du über Nacht zur Erleuchtung gelangst und ununterbrochen in Liebe bist! Setzen wir uns einfach zum Ziel, mehr Liebe ins Leben einziehen zu lassen. Wo Licht ist, kann keine Dunkelheit herrschen. Es wird

Zeit, dein inneres Licht zu entfachen und es hell scheinen zu lassen, damit du deine wahre Verbindung zum Universum annehmen, wertschätzen und dir zu eigen machen kannst. Achte genau auf die Momente, in denen du Wunder blockierst, und wenn du es tust, richte dich ganz bewusst neu aus.

Schritt 2: Suche nach Liebe, und erwarte Wunder.

Bei diesem nächsten Schritt geht es darum, im Laufe des Tages immer wieder für einen Moment der Achtsamkeit innezuhalten, um der Liebe nachzuspüren. Richtest du deine Aufmerksamkeit bewusst auf Liebe und Freude, öffnest du damit die Schleusen, durch die dir Wunder zufließen. Die meisten von uns konzentrieren sich auf das, was schiefgeht. Was wäre, wenn wir stattdessen laufend nach den Dingen Ausschau halten würden, die gut funktionieren? Mach es dir zur bewussten Übung, im Alltag immer wieder nach der Liebe zu suchen.

Um den Prozess in Gang zu bringen, geh morgens mit der folgenden Affirmation in den Tag:

*Ich richte meine Aufmerksamkeit auf die Liebe,
die mich umgibt, und ich erwarte Wunder.*

Sprich die Affirmation noch einmal, und spüre die Kraft dieser Worte. Sei dir gewiss, dass deine Bereitschaft, sie laut auszusprechen, dich auf die richtige Schiene setzt. Wenn du nach Liebe suchst, arbeitest du dem Universum aktiv in die Hände und bringst dich in die Geisteshaltung, die Wunder einlädt – im *Kurs* heißt sie »Wundergesinntheit«. Ist dir bewusst, dass schon eine einfache Verschiebung deiner Wahrnehmung ein Wunder darstellt? Wenn du deinem Partner verzeihst und aus einem dummen Streit aussteigst, ist das ein Wunder. Oder wenn du das Universum um ein Zeichen bittest und es bekommst, ist das ein Wunder. Wunder können sich in Form von abenteuer-lichen Synchronizitäten manifestieren oder schlichte Verschie-bungen sein. In *Ein Kurs in Wundern* heißt es:

> »Es gibt keine Rangordnung der Schwierigkeit
> bei Wundern.«

Es ist wichtig, dass wir diese Muster freudig begrüßen und uns für sie beim Universum bedanken. Mit diesem Dank vertiefst du deinen Glauben und das Vertrauen darauf, mit einer Kraft synchron zu laufen, die größer ist als du selbst. Vergiss nicht, dass deine Beziehung mit dem Universum ein laufender Dia-log ist. Die besten Gespräche fangen mit dem Wort *Danke* an.

Schritt 3: Mische dich nicht ein.
Achte darauf, wie dein Tag sich energetisch verschiebt, wenn du dich der Liebe verpflichtest. *Ein Kurs in Wundern* vermittelt die Erkenntnis ...

> »... dass keine Notwendigkeit besteht, dass ich
> irgendetwas tue.«

Du musst keine »Wunder wirken« oder irgendeine Wendung herbeiführen. Du brauchst dich nur auf deine wahre Natur zu besinnen, die die Liebe ist, und deine Augen sehen zu lassen, was du zu sehen wünschst.

Der *Kurs* lehrt, dass Wunder unwillkürlich geschehen soll-ten. Sie sollten nicht unter bewusster Kontrolle stehen, da be-wusst ausgewählte Wunder fehlgeleitet sein können. Mit dieser wichtigen Botschaft weist uns der *Kurs* darauf hin, dass wir uns nach innen wenden und um Hilfe bitten sollten, wann immer wir uns aus der Wundergesinntheit entfernen. Wunder werden unwillkürlich, wenn uns die Hinwendung zur Liebe zur Gewohnheit wird. Schweifen wir in die Angst ab, können wir uns ans Universum wenden, damit es uns hilft, unsere Gedanken zur Liebe zurückzuführen. Wann immer wir um Hilfe bitten, wird uns das Wunder gezeigt. Wir brauchen nichts anderes zu tun, als empfänglich für die Führung zu sein, die uns angeboten wird. Diese entspannte Beziehung zum Universum bietet uns die Möglichkeit, im Frieden zu sein.

LEKTION DES UNIVERSUMS: Vergisst du deine friedvolle Natur, kannst du das Universum jederzeit um Hilfe bitten.

Vor einiger Zeit hielt ich einen großen Workshop in einem Retreat-Center. Die Teilnehmer öffneten sich schnell und berichteten das ganze Wochenende über viel von ihren Ängsten und Geschichten. Nach dem Retreat fuhr ich mit meiner Freundin Jenny nach Hause, und wir redeten über die Veranstaltung. Jenny meinte, dass sie das Wochenende zwar richtig genossen habe, dass die ganzen traurigen Geschichten und die Energie der anderen sie aber auch etwas heruntergezogen hätten. Dann erzählte sie mir, dass sie seit Monaten nicht richtig schlafen könne, weil sie sich Sorgen wegen der weltpolitischen Lage und verschiedener Wendungen in ihrem privaten Umfeld mache. Sie war von ihren Ängsten regelrecht gelähmt. Ich hörte mir das alles an und meinte dann, dass sie womöglich gegenüber anderen Menschen und der Welt keine klaren energetischen Grenzen setze. Und ich schlug ihr vor, im Gebet um Heilung im Sinne des höchsten Wohls zu bitten. Sie solle sich ins Gebet hinein entspannen und darauf vertrauen, dass ihr gezeigt würde, was sie gerade brauche. Wir beteten gemeinsam: *Ich bin Liebe, und Wunder sind natürlich. Ich heiße Heilung im Sinne des höchsten Wohls willkommen.*

Kaum hatten wir das Gebet gesprochen, fiel mir eine wunderschöne Meditation zur energetischen Klärung ein, die ich von der großartigen spirituellen Lehrerin Doreen Virtue her kannte. Ich arbeite oft damit, um Ängste, negative Energie oder Angriffe aus der geistigen Welt abzuwehren. Ich erzählte Jenny davon, und sie meinte: »Das klingt cool. Schick mir den Link, wenn wir zu Hause sind.«

Zehn Minuten später – wir hörten gerade einen Mix aus meinem Spotify-Account – kam aus den Autolautsprechern auf einmal, untermalt von sanfter Instrumentalmusik, die Stimme von Doreen Virtue. Sie sprach die Anleitung zu ihrer Meditation zur energetischen Klärung! Ich hatte die Meditation nicht auf meiner Spotify-Playlist; ja, ich erinnerte mich nicht einmal, sie überhaupt unter iTunes gespeichert zu haben. Unsere Stimmen überschlugen sich vor Aufregung. Exakt die Heilung, die Jenny brauchte, kam schneller durch, als sie es sich hätte vorstellen können. Sie schaute mich an und meinte: »Wow! Das musste ich mir jetzt wirklich nicht hart erarbeiten. Wunder sind *tatsächlich* natürlich!« Dann schloss sie die Augen und hörte sich die Meditation an. Als sie beendet war, fühlte sie sich klar, energetisch aufgeladen und von der Negativität und Anspannung befreit, die sich in ihr angesammelt hatten.

Wenn du betest, ist es, als würdest du beiseitetreten. Machst du dir das Beten zur täglichen Praxis, hilft dir das, auf all deinen Wegen den Fluss der Synchronizität und die universale Unterstützung zu spüren. Du wirst dich in allen Dingen mit dem Universum verbunden fühlen. Du denkst an etwas, und schon taucht es auf. Du fasst eine Absicht, und schon nimmt sie Gestalt an. Betrachte das Üben von Vertrauen als Vollzeit-Job und versuche, dich nicht in den Plan des Universums einzumischen. Dein Vertrauen und deine Nichteinmischung schenken dir Entspannung. Und dieser entspannte Zustand ist das Portal, durch das dich die Führung des Universums erreicht.

LEKTION DES UNIVERSUMS: Solange du dich hingibst und dem höchsten Wohl verpflichtet bleibst, wird dir alles gezeigt, was du brauchst.

Schritt 4: Stärke dein Vertrauen.

Der nächste Schritt, um zum universalen Mitschöpfer zu werden, ist das Formulieren einer Vertrauenserklärung.

Diese Übung beginnt mit folgender Frage:

Wie wäre dein Leben, wenn du wüsstest, dass du immer geführt bist?

Nimm dir einen Moment Zeit, um aus dem freien Schreiben heraus all deine Antworten auf die weiteren Fragen zu notieren.

> Was würdest du anders machen, wenn du wüsstest, dass das Universum hinter dir steht?
> Hast du einen spirituellen Beweis dafür, dass das Universum dich tatsächlich führt?
> Bist du bereit, vergangene Geschichte, Erfahrungen und Umstände loszulassen, die dich in den Zweifel führen?

Schreib deine Geschichte auf. Wenn du noch keinen Beweis dafür hast, wirst du ihn finden, noch bevor du dieses Buch ausgelesen hast. Du kannst ohne Weiteres auch zu einem späteren Zeitpunkt zu dieser Übung zurückkehren.

Spüre die Vertrauensenergie, die deine Geschichte in dir auslöst. Wenn du selbst nichts erlebt hast, was dir den Beweis liefert, kannst du auch auf eine Geschichte zurückgreifen, die dir irgendjemand erzählt hat oder die du in diesem Buch findest. Nimm dir einen Augenblick Zeit, um in die Gefühle von Vertrauen hineinzuspüren, die diese Geschichten in dir auslösen.

> Wie fühlt es sich an, im Vertrauen zu sein?
> Welche Freiheit, dies oder jenes zu tun oder zu sein, beziehst du aus diesem Vertrauen?

Nun lass uns eine Vertrauenserklärung formulieren. Mit ihr gehst du dem Universum gegenüber eine Verpflichtung ein und bringst die positive, kokreative Energie in deinem Leben zum Wirken. Sie soll in dir ein Gefühl von Liebe, Verbundenheit und Inspiration erzeugen. Ihren Inhalt kannst du frei wählen, ganz so, wie du es willst.

Meine Vertrauenserklärung lautet: *Ich weiß, dass das Universum ein allgegenwärtiges Energiefeld der Liebe ist. Ich weiß, dass ich mich nur in meinen Gedanken, Aktionen und Überzeugungen mit der Energie der Liebe zu verbinden brauche, um grenzenlose Unterstützung und Führung zu erhalten. Ich weiß, dass ich mir im Zusammenwirken mit dieser liebevollen Gegenwärtigkeit meine Wirklichkeit mit erschaffen kann, um in Freude zu leben und Licht zu verbreiten.*

Wenn ich mir diese Erklärung laut vorlese, bin ich jedes Mal zu Tränen gerührt. Das ist das Ziel. Schreib deine Erklärung so, dass sie dich innerlich bewegt. Lass etwas von deinen Antworten auf die oben stehenden Fragen mit einfließen, und schreib einen Text, der dich in einen herzzentrierten Zustand des Vertrauens in das Wirken des Universums bringt.

Bring deine Erklärung zu Papier, und verändere dann kein Wort mehr daran. Schreib auf, was immer dir in den Sinn kommt.

Bewerte es nicht, und versuche nicht, es perfekt zu machen. Lass die Worte einfach aus dir herausfließen. Du kannst deine Erklärung zu einem späteren Zeitpunkt immer noch weiter ergänzen, lass dich also jetzt nicht im Schreiben blockieren.

Schritt 5: Steh zu deiner Vertrauenserklärung.

Nachdem du nun deine Vertrauenserklärung in Händen hältst, wird es Zeit, ein bisschen Spaß zu haben. Nimm dir vor, in den nächsten vierundzwanzig Stunden aus dem Vertrauen heraus zu leben. Fang jetzt an, indem du dir deine Vertrauenserklärung laut vorliest und anschließend das folgende Mantra sprichst: *Ich baue auf meine Verbindung zum Universum und vertraue darauf, geführt zu werden.*

Und nun achte in den nächsten vierundzwanzig Stunden darauf, im Vertrauen auf das Universum zu leben. Wann immer sich das Gefühl von Synchronizität einstellt, feiere den Moment des Einklangs. Geht etwas schief, erkenne darin einen Umweg in der richtigen Richtung, aus dem du Führung und Unterstützung beziehst. Beschließe, alles, was dir begegnet, als Ausdruck liebevoller Führung zu betrachten. Vergib dir deine negativen Gedanken und Taten, und kehre sofort zu deiner Vertrauenserklärung zurück.

Wenn dich der Gedanke, dich auf dein Vertrauen zu verlassen, beängstigt oder ein Gefühl der Überforderung in dir auslöst, dann mach dir klar: Diese Übung soll Spaß machen! Es ist ein radikales, großartiges Experiment, um dir vor Augen zu führen, wie es ist, im Vertrauen an das Universum zu leben und dich der Liebe zu verpflichten. Probiere nur diesen einen Tag lang aus, wie es sich anfühlt, ins Vertrauen zu gehen, *was auch immer geschieht.*

Wenn die vierundzwanzig Stunden vorbei sind, nimm dir etwas Zeit, um deine Erfahrungen zu reflektieren. Notiere in deinem Tagebuch die Wunder-Momente, und schreib ehrlich auf, wann du dich dem Universum widersetzt hast. Wenn dir diese Übung gefallen hat, dann mach einfach weiter. Teste dein Vertrauen täglich. Mach dir einen Spaß daraus, dich mit dem Universum zu synchronisieren. Fühlt sich deine spirituelle Praxis wie Arbeit an, dann ist sie bloß eine weitere Verpflichtung, die du auf deiner To-do-Liste abhaken kannst. Je spielerischer und neugieriger du deinen Weg beschreitest, desto häufiger werden dir Synchronizitäten begegnen. Werde zur Mitschöpferin bzw. zum Mitschöpfer deiner Erfahrungen – mit Freude im Herzen und offenem Geist. Genieße deine Reise!

Wenn du diese Übung machst, wirst du erahnen, welche Freiheit du jetzt in diesem Augenblick erlangen kannst. Dich für eine begrenzte Zeit der Freiheit zu verpflichten ist nicht schwer, weil du weißt, dass du schon morgen wieder in deine Kontroll- und Sorgenhaltung zurückkehren kannst. Bestimmt magst du sie gar nicht, aber sie gibt dir nun mal ein Gefühl von Sicherheit. Meine Hoffnung ist, dass dir dein Vierundzwanzig-Stunden-Experiment so großen Spaß macht, dass du immer wieder dahin zurückkehrst, und sei es nur für kurze Momente. Lass diese Übung zum Teil deiner spirituellen Routine werden. Gönn dir Pausen, in denen du dich aus dem Chaos befreist, das du dir im Kopf und in der Welt da draußen schaffst. Lass für eine kleine Weile alles hinter dir, was du glaubst bewirken und kontrollieren zu müssen. Du sollst wissen, dass du jederzeit innerlich in die Ferien gehen kannst, um Licht in dich einzulassen, deine kreative Energie ins Fließen zu bringen und anzuziehen, was du dir wünschst.

Nimmst du dir eine Auszeit von deinen chaotischen, angstbasierten Gewohnheiten, beginnst du, dir neue Erfahrungen zu erschaffen. Die flüchtigen Momente der Freiheit, die du erlebst, können tief bewegend sein. Sie sind wie nadelstichgroße Löcher, durch die inmitten der Dunkelheit das Licht zu dir gelangt. Je öfter du das Licht hereinlässt, desto sicherer fühlt es sich an, dich aus der Dunkelheit zu befreien. Angst ist eine Gewohnheit. In dieser Übung lernst du, sie allmählich durch die Gewohnheit der Liebe zu ersetzen, die mit der Zeit den Angstdruck weichen lässt.

Bezieh diese Übung von Augenblick zu Augenblick in dein Erleben ein. Bleib in Fluss mit der Liebe. Fasse jeden Tag positive Absichten. Nimm dir vor, deinem Partner liebevoller zu begegnen, einen produktiven Arbeitstag zu haben, achtsamer zu essen und so weiter. Wenn du positive Absichten fasst, sendest du damit die klare Botschaft ans Universum, dass du bereit bist, Unterstützung zu empfangen. Deine Arbeit ist damit getan! Nun musst du nur noch Geduld haben, mit Freude bei der Sache sein und an Wunder glauben.

Diese Prinzipien zu üben bedeutet nicht, dass du künftig keine Probleme mehr haben wirst. Konflikte sind ein natürlicher Teil des Lebens, und wenn du ihnen aus der Liebe heraus begegnest, stellen sie eine unglaubliche Chance zum Lernen und Wachsen dar. Wenn du dies konsequent übst, wirst du zu einem neuen Umgang mit Problemen gelangen. Statt auszuflippen, dich frustrieren zu lassen oder ein bestimmtes Ergebnis erzwingen zu wollen, wird es dir zur Gewohnheit werden, auf die Hilfe des Universums zu bauen.

Du kannst bitten, dass es dir die wichtigen Lektionen offenbaren möge, die in jedem einzelnen Problem stecken, und dass es dich daran erinnert, immer wieder in die Liebe zurückzukehren. Je mehr du die Gewohnheit pflegst, in die Wundergesinntheit zu gehen, desto kürzer ist deine Rückkehrgeschwindigkeit. Je schneller du zurückkehrst, desto zufriedener bist du und desto größer wird dein innerer Frieden.

Natürlich fällt es uns leicht, zu akzeptieren, dass wir das Gute im Leben mit erschaffen. Was aber ist mit den Hindernissen? Was, wenn wir aus heiterem Himmel entlassen oder plötzlich krank werden? Wie sind wir an der Entstehung von solch schwierigen Lebensumständen mit beteiligt? Schlechte Zeiten sind ebenso wie die guten ein Spiegelbild dessen, was wir im Hinblick auf uns selbst und unsere Beziehung zum Universum für wahr halten. Was sie uns zeigen, sind oft die Gefühle von Stress, Angst und Getrenntheit, die wir noch in uns tragen. Es ist wichtig, die schwierigen Situationen in unserem Leben durch die Brille der Liebe zu betrachten. Entscheide dich, in ihnen eine Gelegenheit zu sehen, dich deiner spirituellen Praxis noch tiefer hinzugeben. Das Gefühl, im Fluss zu sein und das Maß an Synchronizität, das wir erleben, hängen unmittelbar von der Tiefe unserer spirituellen Verbundenheit ab.

Die Führung, die du dir in dem einen oder anderen Bereich deines Lebens wünschst, kann dir mal schnell gegeben werden und mal auf sich warten lassen. In Wirklichkeit kommt es nicht auf die Zeit an. Beim Wunderwirken ist der Zeitfaktor nicht relevant. Bleib einfach im Fluss und geh in den Glauben. Als ich Setsuko wiedertraf und den Vertrag für Japan abschließen konnte, gab es einen Teil in mir, der nicht einmal wirklich überrascht war. Mein Vertrauen in die Liebe und meine Offenheit für Wunder ließen mich darauf bauen, dass diese Manifestation in perfektem Einklang mit dem höchsten Wohl des Ganzen stand. Der Vertrag für die japanische Ausgabe kam zum optimalen Zeitpunkt für das Buch und für Setsuko. Das Universum hatte einen Plan für uns, und wir bereiteten den Weg, ihn zu empfangen.

Setze auf die Liebe, und tritt beiseite. Das ist alles. Schwerer ist es nicht!

Du kannst jetzt auf genau diese eigenverantwortliche Weise leben. Deine Realität gemeinsam mit dem Universum kreativ zu gestalten ist unglaublich beglückend. Es ist ein Zusammenwirken, das dein ganzes Leben ändern kann.

Fahren wir fort auf dieser Reise. Stärken wir dein Vertrauen, sodass du anfängst, wirklich in Beziehung mit dem Universum zu gehen.

Hier noch einmal ein Überblick über die Schritte dieses Kapitels:

> Wunder sind natürlich. Lass dem Universum freie Hand, um dich zu unterstützen.
> Suche an den richtigen Stellen nach Liebe, in dem du im Laufe des Tages immer wieder die folgende Affirmation sprichst: *Ich richte meine Aufmerksamkeit auf die Liebe, die mich umgibt, und ich erwarte Wunder.*
> Misch dich nicht ein. Wunder sind Gewohnheiten und sollten unwillkürlich sein.
> Formuliere eine Vertrauenserklärung.
> Steh zu deiner Vertrauenserklärung, und lies sie dir im Laufe des Tages immer wieder vor.

Wenn wir nun mit Kapitel 9 weitermachen, ist dein Vertrauen dein wichtigstes Gut. Ich lade dich auf den nun folgenden Seiten ein, dich in einen Prozess zur Auflösung deiner Angst zu begeben und dich voll und ganz der Gnade und Liebe des Universums anzuvertrauen. Manche Dinge, um die ich dich bitten werde, werden dir vielleicht wie eine Überforderung erscheinen, aber bleib bei deiner Vertrauenserklärung. Auf diese Weise ebnen wir dir den Pfad zur Freiheit und zum Frieden.

KAPITEL 9

EINHEIT BEFREIT

Etwa ein halbes Jahr nachdem ich mit dem Schreiben dieses Buchs begonnen hatte, fing ich mit einem Mal an, mich wie eine Hochstaplerin zu fühlen. Immer wieder ertappte ich mich nämlich dabei, wie sich kleine Bösartigkeiten in meine Gespräche, Gedanken und Interaktionen schlichen. Obwohl ich die in diesem Buch beschriebenen Prinzipien in der Praxis anwandte, hatte ich das Gefühl, nicht mehr mit meinem wahren, liebevollen Wesen im Einklang zu sein. Dass ich so aus dem Takt geraten war, hatte mit einer hartnäckigen Angewohnheit zu tun: meinem Hang zu werten. Ich mochte noch so oft beten, mich noch so sehr dem Dienen verpflichten oder noch so lang meditieren, ich verfiel doch immer wieder ins Urteilen und blockierte damit meine Verbindung zum Universum. Was ich tat, mochte harmlos erscheinen, doch es machte mich traurig und gab mir ein Gefühl von mangelnder Zugehörigkeit. Mit meiner wertenden Haltung raubte ich mir die Zufriedenheit, verstärkte mein Gefühl, von anderen getrennt zu sein, und schnitt mich vom Universum ab. Ich hatte dauernd Nackenschmerzen, und mir fiel auf, dass ich laufend in gereizte, kleinliche Streits mit den mir nahestehenden Menschen geriet.

Schließlich hatte ich genug davon, und ich beschloss, in die Achtsamkeit zu gehen und einmal liebevoll hinzuschauen, was ich so alles dachte, sagte und tat. Auf diese Weise erkannte ich, dass mein Gefühl von Getrenntheit aus ebendieser wertenden Haltung resultierte. In scheinbar harmlosen, unbedeutenden Situationen schnitt sie mich von meinen wichtigsten Ressourcen ab: meiner Präsenz, meiner Kraft und meiner Fähigkeit, mich an den Strom der Liebe anzuschließen.

Beim näheren Hinsehen merkte ich, wie ich mir mit jedem Werturteil Energie abzog und mich ein Gefühl der körperlichen und mentalen Schwäche erfasste. *Ein Kurs in Wundern* sagt:

>»Das Ego kann ohne Urteilen nicht überleben [...].
>Das Ego sucht immer zu zerteilen und zu trennen.
>Der HEILIGE GEIST sucht immer zu einen und
>zu heilen.«

Wenn uns also das Werten ein Gefühl von Getrenntheit vermittelt, während Mitgefühl und Verständnis uns ein Gefühl von Ganzheit und Einheit schenken, warum verbringen wir dann so viel Zeit mit Ersterem? Zum Teil liegt dies an der Welt, in der wir leben. Unsere populäre Kultur und die Medien messen Status, Aussehen und materiellem Wohlstand einen extrem hohen Stellenwert bei. Man gibt uns das Gefühl, falls wir dieses oder jenes nicht besitzen, »weniger als« zu sein. Wir greifen zu Werturteilen, um das Gefühl unserer eigenen Unzulänglichkeit, unsere Unsicherheiten und unser mangelndes Selbstwertgefühl nicht spüren zu müssen. Es ist einfacher, sich über jemanden wegen einer vermeintlichen Schwäche lustig zu machen, als sich mit dem eigenen Empfinden von Mangel zu konfrontieren. Werturteile und Getrenntheit liegen so vielen unserer heutigen Probleme zugrunde. Würden wir nicht werten, könnten wir einander als ebenbürtig betrachten. Wir hätten keine Gefühle von »besser als« oder »weniger als«. Wir wären eins. Einheit ist unser wahres Wesen. Sind wir im Einklang mit dem Gefühl der Einheit, lösen sich das Werten und die Getrenntheit auf, und wir sind wieder mit der Liebe des Universums verbunden.

Als ich erkannte, wie ich mir mit meinen Werturteilen die Kraft abschnitt, beschloss ich, mein Verhalten zu ändern. Ich machte es mir zur Aufgabe, mich jeglichen Urteils zu enthalten, um das Muster der Getrenntheit loszulassen und mein Gefühl von Einheit zu verstärken. Am Anfang fiel es mir schwer, doch mit der Zeit legte sich mein Hang zum Werten. Schon bald merkte ich zu meiner Überraschung, wie sich neue geschäftliche Möglichkeiten auftaten, sich interessante Kontakte ergaben, die ich mir schon länger gewünscht hatte, und wie meine Beziehungen stärker wurden und darin mehr Nähe entstehen konnte. Sogar meine Nackenverspannungen lösten sich. Dass ich mich aus dem Werten befreite, schaffte sofort Raum für mehr Liebe.

In mancherlei Hinsicht kann sich der Verzicht auf das Werten so anfühlen, als würden wir einem Freund den Rücken kehren, von dem wir (tief im Innern) wissen, dass er uns nicht guttut. Obwohl wir im Herzen begriffen haben, dass es Zeit ist, getrennte Wege zu gehen, sind wir traurig, fühlen uns verlassen und orientierungslos. Es kann Angst machen, das Werten ganz loszulassen, denn es ist ein gewohntes Muster, auf das wir nun mal gern zurückgreifen. Schauen wir auf die vermeintlichen Fehler und Schwächen anderer, brauchen wir uns schließlich nicht mit unserem eigenen Schmerz zu konfrontieren. Unsere Urteile auf andere zu projizieren bringt uns jedoch nur kurzfristig Linderung. Denn das Gefühl, unzulänglich zu sein, verschwindet dadurch nicht plötzlich, und zu allem Übel haben wir unterschwellig auch noch ständig ein schlechtes Gewissen gegenüber den Menschen, die wir aufs Korn genommen haben.

Wann immer wir merken, dass wir nicht im Frieden sind und sich unser Leben nicht im natürlichen Fluss befindet, ist das ein Hinweis darauf, dass wir uns in eine falsche innere Haltung des Wertens begeben haben.

Werturteile können die verschiedensten Formen annehmen. Wenn wir zum Beispiel denken, ein anderer Mensch sei die Quelle unseres Glücks oder Leids, sind wir im Werten. Urteile begegnen uns oft in Form von Eifersucht, Vergleichen und Neid. Sie können sich durch die Hintertür hereinschleichen, etwa, wenn es uns gerechtfertigt erscheint, jemanden zu verurteilen, der uns vermeintlich hintergangen hat. Doch es ist dieses Werten, das uns in der Illusion festhält, von anderen getrennt zu sein.

Ich habe diese Lektion selbst während eines Abendessens gelernt. Mein Mann und ich waren bei einem Bekannten eingeladen. Als wir eintrafen, wurden wir in einen kleinen Raum geführt, in dem man Häppchen und Drinks servierte. Sechs andere Gäste waren dort bereits versammelt, und eine der anwesenden Frauen hatte offenbar das Gespräch an sich gerissen. Sie redete fürchterlich laut, brüstete sich mit ihrem tollen Job und sorgte dafür, dass die ganze Unterhaltung um ihre Person kreiste. Ihr Verhalten brachte mich total auf die Palme. Ich dachte: *Wer glaubt sie eigentlich, wer sie ist? Warum redet sie so laut? Wie soll denn ich dabei noch zu Wort kommen?*

Um ihrem aufdringlichen Verhalten etwas entgegenzusetzen, fing ich selbst an, zu laut zu reden. Ich stellte sicher, dass jeder wusste, wer ich war und was für wichtige Projekte ich am Laufen hatte. Ich ärgerte mich so sehr über diese Frau, dass ich meiner eigenen Stimme an jenem Abend auch unbedingt Gehör verschaffen wollte.

Nach einer kleinen Weile gingen wir zu Tisch. Zum Glück wurde der nervigen Frau ein Platz am anderen Ende zugewiesen, sodass ich mir ihre lächerlichen Geschichten nicht dauernd anhören musste. Doch obwohl sie weit weg von mir saß, merkte ich, wie sie mich während des Essens laufend anstarrte. Das machte mich noch wütender: *Warum starrt sie mich so an?*

Nach dem Essen gingen alle nach draußen, denn dort wurden weitere Drinks serviert. Da ich seit fast zehn Jahren keinen Alkohol mehr getrunken hatte, blieb ich sitzen. In dem Augenblick kam die schreckliche Person auf mich zu. *Bloß nicht,* dachte ich. »Mir ist aufgefallen, dass Sie nichts trinken«, sagte sie. Ich nickte. »Seit fast einem Jahrzehnt rühre ich keinen Alkohol mehr an.« »Mir geht's genauso«, gab sie zurück. »Ich bin seit sieben Jahren trocken.«

In diesem Augenblick löste sich alles Trennende zwischen uns auf. Ich erkannte mich in ihr wieder. Ich konnte in meinen Wertungen eine schlichte Reaktion auf einen verdrängten Teil meines eigenen Wesens erkennen. Ihr Bedürfnis, gesehen zu werden, war mein Bedürfnis, gesehen zu werden. Wir waren beide ehemalige Alkoholikerinnen auf der Suche nach Anerkennung und zugleich gesunde, trockene Frauen, die stolz auf ihre Genesung waren. Ihre Dunkelheit und ihr Licht waren Reflexionen meiner Dunkelheit und meines Lichts. In dem Moment, in dem ich mich in ihr erkennen konnte, lösten sich alle Grenzen auf, und wir wurden eins.

Diese Erfahrung war eine großartige Lektion des Universums, die mich lehrte, das Werten aufzugeben. Was wir in anderen verurteilen, ist eine Reflexion der Urteile, die wir gegen uns selbst fällen; was wir in anderen lieben, ist eine Reflexion unseres Lichts. Wie Yogi Bhajan es formulierte: »Erkenne, dass du die andere Person bist.«

Mir wurde eine wunderbare Gelegenheit zuteil, die Getrenntheit loszulassen, und ich hoffe, dass ich in Zukunft nicht mehr so weit gehen muss, um mich an die Einheit zu erinnern. Ich hoffe, künftig besser auf wertende Haltungen zu achten und mich davon zu befreien.

Wenn die Vorzüge dieser Praxis voll und ganz zum Tragen kommen sollen, musst du das Werten in allen Lebensbereichen überwinden. Es ist nicht möglich, es nur in Teilbereichen bleibenzulassen und es zum Beispiel im Hinblick auf deinen Chef, deine Schwiegermutter oder dich selbst weiter zu praktizieren. Du musst es komplett aufgeben. In manchen Situationen mag es sich ganz leicht anfühlen. In anderen hältst du hartnäckig daran fest. Mach dir keine Gedanken, das ist ganz natürlich! Aber wenn du dich aus deinen Wertungen befreist, kann dir ganz viel von dem gegeben werden, was du dir wünschst. Körperliche Schmerzen können vergehen, du erfährst emotionale und spirituelle Heilung, und die tiefe Verbundenheit mit dem Universum wird wiederhergestellt. *Ein Kurs in Wundern* sagt:

>»Du hast keine Ahnung von der außerordentlichen
>Befreiung und dem tiefen Frieden, die eintreten,
>wenn du dir selber und deinen Brüdern völlig ohne
>jedes Urteil begegnest.«

Das Bewerten aufzugeben ist also unabdingbar, um glücklich und frei zu sein.

In dem folgenden Vier-Schritte-Programm erfährst du, wie es geht. Lässt du dich darauf ein und bist du bereit, deine Urteile loszulassen, werden sie sich völlig aufzulösen beginnen.

LEKTION DES UNIVERSUMS: Sei bereit, dich aus alten Mustern zu lösen und auf eine neue Seinsart einzulassen.

Die in den bisherigen Kapiteln beschriebenen Lektionen haben dich auf die nächsten Schritte vorbereitet. Du bist dabei, Raum zu schaffen, um deinem Leben mit mehr Liebe zu begegnen und deine Verbindung zum Universum zu stärken. Der Abschied vom Werten wird dich noch tiefer in die Verbundenheit hineinführen.

Nimm dir einen Augenblick Zeit, um erneut zu spüren, was dich zu diesem Buch greifen ließ. Es war dein bewusst oder unbewusst empfundener Wunsch, glücklich zu sein und wieder mit deiner wahren Natur in Verbindung zu kommen, der dich führte. Ich wünsche dir, dass dein intensives Streben nach dessen Verwirklichung dich in deinem Prozess voranbringt und dass du dich ganz und gar darauf einlassen kannst. Das wird dir helfen, mit den Gefühlen von Anspannung, Negativität und Stress aufzuräumen, die dich vom positiven Fluss des Lebens abschneiden.

Schritt 1: Schau dir deine Wertungen wertfrei an.
Mittlerweile ist dir bestimmt bewusst geworden, dass du mit deiner Art zu fühlen die Liebe in deinem Leben entweder blockierst oder anziehst. Als ich zu beobachten begann, welche Gefühle mein Hang zum Werten in mir auslöste, war es nicht mehr schwer zu erkennen, warum mein Leben nicht in Fluss war. Die von mir gefällten Urteile schwächten mich, machten mich traurig und ließen mich Getrenntheit empfinden. In dem Augenblick, in dem ich diese Haltung loslassen und mir anschauen konnte, was sie mit mir machte, konnte ich wirklich verstehen, wie sehr ich mir damit die Verbindung zum Universum abgeschnitten hatte.

Eine Freundin von mir war verzweifelt, weil sie ihre Verbindung zum Universum nicht mehr spüren und die Stimme ihrer Intuition nicht mehr hören konnte. Als sie mir davon erzählte, bat ich sie, ihr Maß an täglich gefällten Urteilen auf einer Skala von 0 bis 10 zu bestimmen (wobei 10 das Maximum war). Sie ging einen Moment in sich und sagte dann: »Weißt du, Gab, das ist mir noch nie aufgefallen, aber ich würde sagen, ich liege bei 9. Es fühlt sich wirklich schrecklich an, von anderen und mir selbst so abgeschnitten zu sein.« Sich ihre wertende Grundhaltung bewusst zu machen, war der erste Schritt zur Veränderung des Musters.

In den meisten Fällen merken wir noch nicht einmal, wie oft wir ins Urteilen verfallen. Wenn wir dies ändern möchten, fangen wir am besten damit an, unser Werten wertfrei zu beobachten. Sobald du eine ehrliche Bestandsaufnahme machst und schaust, wie viele Wertungen du täglich vornimmst, könntest du in Versuchung geraten, dich selbst zu kritisieren oder dich für deine Gedanken oder dein Verhalten zu schämen. Das bringt dich jedoch nicht weiter. Erkenne stattdessen deine Bereitschaft an, dir das Ganze liebevoll anzuschauen.

Lass uns nun also die Bestandsaufnahme machen. Wie ausgeprägt ist dein Hang zu werten? Nimm dir einen Augenblick Zeit, und stufe dein tägliches Maß auf einer Skala von 1 bis 10 ein (wobei 10 das Maximum ist). Sei ehrlich mit dir selbst. Wie wertend bist du wirklich? Die beste Möglichkeit, zu einer Einschätzung zu gelangen, ist zu schauen, welche Gefühle das Urteilen in dir auslöst. Je schlimmer du dich fühlst, wenn du es tust, desto höher solltest du dich einstufen.

Stufe jetzt deinen Hang zu werten ein.

Dann nimm dein Tagebuch, und schreib auf, welche Gefühle deine wertende Haltung in dir auslöst.

Lies deine Aufzeichnungen noch einmal durch. Kannst du erkennen, wie du dir mit deiner wertenden Haltung die Möglichkeit zu liebevollen Entscheidungen blockierst? Dir noch einmal ganz klar vor Augen zu führen, wie das Fällen von Urteilen dich emotional herunterzieht, wird in dir den umso stärkeren Wunsch wecken, dich aus dem Muster zu befreien.

Liebe hingegen akzeptiert. Wann immer du merkst, dass du dich in Wertungen oder Angriffshaltungen verstrickst, denk daran, dass du in solchen Momenten den Blickwinkel von Getrenntheit und Angst gewählt hast. Du brauchst dich also nur zu entschließen, deinen Standpunkt zu wechseln. Frag dich: »Betrachte ich dies mit den Augen der Liebe oder des Wertens?«

Gestehe dir ein, dass du dem Lehrer der Angst den Vorzug gegenüber dem Lehrer der Liebe gegeben hast. Achte darauf, nicht erneut in die Perspektive der Angst zu geraten, um dir deine Angst anzuschauen. Hadere nicht damit, dass du dich für diese Sichtweise entschieden hast. Freu dich stattdessen, dass du bemerkt hast, einen Irrweg eingeschlagen zu haben und dass du dich jetzt Richtung Freiheit bewegst.

Schritt 2: Verzeih dir den Gedanken.

Wirf dir nicht vor, geurteilt zu haben. In *Ein Kurs in Wundern* heißt es:

> »[...] dass der HEILIGE GEIST nur zwei Kategorien unterscheidet: Die eine ist die Liebe und die andere der Ruf nach Liebe.«

Greifst du mit Wertungen an, suchst du in Wirklichkeit nur nach Liebe. Dies ist der wahre Beweggrund hinter deinem Angriff. Tief im Innern nämlich geht es dir um nichts anderes, als dich vor dem Gefühl des Ungeliebtseins zu schützen. Der gleiche

Wunsch treibt auch den Menschen an, von dem du meinst, dass er dich angegriffen hat. Beide sucht ihr nur nach Liebe. Im Kern ist ein Angriff nichts anderes als ein Ruf nach ihr. *Ein Kurs in Wundern* lehrt:

> »Die Liebe gibt immer Antwort, denn sie vermag
> keinen Hilferuf zurückzuweisen noch die Schmerzens-
> schreie zu überhören, die von jedem Teil dieser
> sonderbaren Welt zu ihr dringen, die du gemacht hast,
> aber nicht haben willst.«

Ich will noch einmal betonen: Angriff, Schmerz, Angst, Urteil und jede Form von Getrenntheit sind lediglich Hilferufe. Wenn wir an körperlichen Schmerzen leiden, wissen wir, dass unser Schmerz nach Linderung schreit. Das Gleiche gilt für das Werten. Es handelt sich dabei um eine Form von emotionalem Schmerz, für den wir Abhilfe suchen. Ob es uns bewusst ist oder nicht, wir wollen nicht in Krankheit, Traurigkeit und Angst verharren. Wir wollen frei sein. Schau dir deine Wertungen wertfrei an, akzeptiere, dass du dich für die Angst entschieden hast, und sei offen, die Hilfe zu empfangen, um die du bittest.

Auf diese Weise stellt sich Vergebung ein. Wann immer du merkst, dass du zu Wertungen greifst, kannst du dich daraus befreien, indem du dir den Gedanken verzeihst. Verzeih dir, ihn überhaupt gedacht zu haben, ja verzeih sogar dem Gedanken selbst, dass er da ist.

Mach dir bewusst, dass der Gedanke nicht deinem höchsten Selbst entsprungen ist. Schau dir dein wertendes Selbst wohlwollend an, und denk daran, dass du nur Liebe willst. Dann verzeih dir so schnell wie möglich den Gedanken. Du brauchst nicht an ihm festzuhalten. Du musst ihn dir nicht noch einmal vorbeten. Du kannst ihn dir einfach verzeihen, und dieser schlichte Wunsch führt dich direkt in den Heiligen Augenblick.

Heiße ihn mit folgendem Gebet willkommen:

> *Ich erkenne, dass ich eine falsche Wahl getroffen habe,*
> *ich vergebe mir diesen Gedanken und entscheide mich neu.*
> *Diesmal wähle ich die Liebe.*

Ist Angst da, entspringt sie deinem Widerstand gegenüber der Liebe. Der Weg zurück zur Liebe führt über die Hingabe an den Heiligen Augenblick. In dem Moment, in dem du dich für die Liebe und gegen die Angst entscheidest, wächst du über die Illusion und Getrenntheit hinaus und richtest dich auf die Einheit aus. Allein dieses Gebet zu sprechen kann dir augenblicklich Erleichterung bringen.

Schritt 3: Sieh es mit anderen Augen.

Wir beurteilen andere und uns selbst durch das Schauglas unserer Vergangenheit, indem wir alte Erfahrungen auf unsere aktuellen Umstände projizieren. Das ist nichts anderes, als die Welt aus der Perspektive der Angst heraus zu bewerten. Nehmen wir an, du hattest während deiner Kindheit ein Autoritätsproblem mit deiner Mutter. Dann wäre es möglich, dass du dieses Thema jetzt auf deine Chefin projizierst und dich gegen ihre Macht auflehnst.

Die Überwindung unseres Hangs zu werten fängt damit an, zu akzeptieren, dass im Klassenzimmer des Lebens unsere Mitmenschen unsere Lehrer sind. Lassen wir uns auf diese Sichtweise ein, gewinnen wir einen anderen Blick auf die Dinge. Achten wir darauf, wie wir die Vergangenheit in den gegenwärtigen Augenblick hineinwirken lassen, und entscheiden wir uns, es anders zu machen! Wir können beschließen, einem Menschen (oder einer Situation) so zu begegnen, als wäre es zum ersten Mal. Stell dir vor, wie frei du wärest, wenn du die Vergangenheit nicht in deine Beziehungen (oder jede Begegnung) mit hineinnehmen würdest.

Sprich die folgende Affirmation vor jeder Begegnung, die die Schatten aus deiner Vergangenheit auf den Plan ruft:

Ich möchte diesen Menschen mit anderen Augen sehen.

Wenn du übst, anderen so zu begegnen, als ob du sie zum ersten Mal siehst, entlässt du sie aus den falschen Projektionen, die du auf sie übertragen hast und die dich von ihnen trennen. Statt sie durch die Linse der Vergangenheit zu betrachten, siehst du in ihnen Menschen, die nach Liebe verlangen. Vergiss nicht, dass du selbst in dem gleichen Angstzyklus gefangen bist und ebenfalls verzweifelt nach dem Ausgang suchst. Der Weg nach draußen führt durch die Liebe.

Wenn spirituelle Lehrer sagen, alle Menschen seien »eins«, dann meinen sie damit, dass wir in dem Wunsch vereint sind, glücklich und frei zu sein. Wir alle teilen denselben Wunsch und dieselbe Angst. Würden sich mehr von uns für die Liebe entscheiden, würde damit die Einheit wiederhergestellt. Es fängt bei dir an. Du spielst eine wichtige Rolle in der Heilung der Welt. Je mehr Einheit du in deinem Leben schaffst, desto mehr Licht strahlst du auf alle Menschen ab, die in deiner Nähe sind. Ich glaube, dass dies unsere größte Aufgabe hier auf Erden ist: der Liebe den Vorzug zu geben, die Einheit wiederherzustellen und unser Licht scheinen zu lassen. Dies bringt uns zum letzten Schritt – einer Meditation zur Wiederherstellung der Einheit.

Schritt 4: Meditiere, um die Einheit wiederherzustellen.

Um deinen Prozess zur Überwindung des Wertens abzuschließen, empfehle ich dir diese schöne Kundalini-Meditation. Sie soll dich daran erinnern, dass wir alle eine gemeinsame Essenz in uns tragen, die über unseren physischen Körper hinausreicht. In ihr verbindest du dich mit dieser Essenz, um jetzt in diesem Augenblick Einheit zu erfahren.

Setz dich bequem und aufrecht mit gekreuzten Beinen auf den Boden.
Schließ die rechte Hand zur Faust, und hebe sie an die Schulter. Strecke den Zeigefinger aus, sodass er nach oben weist.
Leg die linke Hand auf dein Herzzentrum.
Du kannst diese Meditation auch mit einem Partner machen. Dann lehnt ihr Rücken an Rücken.

Konzentriere dich auf den Punkt zwischen den Augenbrauen. Ich empfehle dir, als Mantra das Lied »I Am Thine« von Jai-Jagdeesh zu hören. Du findest es im Internet unter www.GabbyBernstein.com/Universe und kannst es dann über Spotify herunterladen. Das Mantra lautet:

Humee Hum, Tumee Tum, Wahe Guru; I am Thine, in Mine, Myself [das bedeutet in etwa: Ich bin dein, in mir, ich selbst], *Wahe Guru.*

Dieses Mantra würdigt unsere Verbundenheit mit anderen, die auf unserer gemeinsamen Verbindung zum Universum beruht.

Mit *Humee Hum* schwingen wir uns auf unser eigenes Bewusstsein ein. Mit *Tumee Tum* akzeptieren wir, dass wir eins mit dem Bewusstsein des anderen sind.

Wahe Guru bedeutet, dass wir beide mit dem Universum verbunden sind. Dann chantest du *I am Thine, in Mine, Myself,* um das Bewusstsein deines persönlichen Selbst auf das unendliche Selbst zu projizieren, und du erhältst die Bestätigung der Welt, dass du eins mit dem Universum bist. Und schließlich würdigst du diese universale Verbindung mit *Wahe Guru.*

Dieses Mantra chantest du zur Musik elf Minuten lang (am Anfang gerne auch kürzer).

Wenn du mit dem Chanten von Mantras noch nicht vertraut bist, probiere es einfach aus. Ich habe wegen der Mantren ein besonderes Faible für Kundalini-Yoga und Meditation entwickelt, denn verliere ich mich darin, werde ich mir meiner Eingebundenheit ins Universum bewusst.

Diese spezielle Kundalini-Meditation habe ich als Abschluss für den Prozess zur Überwindung des Wertens gewählt, weil sie dich im Innern wirklich spüren lässt, wie es sich anfühlt, in deinen Beziehungen die trennenden Mauern einzureißen und dich auf die Einheit auszurichten.

Übe die hier beschriebenen vier Schritte, und schau zu, wie Wunder geschehen. Es steht dir jederzeit offen, in die Freiheit zu gehen. Solange du bereit bist, das Werten bleibenzulassen, wird sie sich mehr und mehr entfalten. Vergiss nicht: Das Werten ist eine hinterlistige Angewohnheit. Je mehr du diese Prinzipien übst, desto schwächer wird sie und desto mehr Freiheit wirst du erfahren.

Ich habe vor Kurzem beim Üben meines Vier-Schritte-Prozesses etwas Wunderbares erlebt. Ich war auf einem elftägigen spirituellen Retreat in San Diego. Als das Seminar vorbei war, fühlte ich mir super und total mit dem Universum verbunden. Als ich zum Flughafen kam, erfuhr ich, dass mein Heimflug drei Stunden Verspätung hatte. Ich regte mich nicht auf, weil ich nach den ganzen Meditationen und spirituellen Lektionen der vergangenen Tage immer noch auf dieser hohen Schwingungsebene funktionierte. Ich setzte mich entspannt hin, schnappte mir ein Buch und wartete geduldig auf den Abflug. Nach einer Stunde kam die Durchsage, dass die Maschine nunmehr zwölf Stunden später als geplant fliegen würde. Mein Mittagsflug war also auf Mitternacht verschoben worden, sodass ich plötzlich einen Nachtflug zurück nach New York hatte. Obwohl ich Nachtflüge (ebenso wie Flughäfen im Allgemeinen) hasse, blieb ich ruhig und nahm die Planänderung hin. Weitere acht Stunden Wartezeit lagen vor mir, und ich versuchte, dies möglichst gelassen zu sehen und die Zeit zum Arbeiten zu nutzen.

Nach einer Stunde ging ich an den Schalter, um mich nach meinem Flug zu erkundigen. Die Angestellte reagierte pampig und tat so, als würde ich ihr die Zeit stehlen. Das schickte mich sofort in die Ego-Trennung, soll heißen, in den Diva-Modus. Ich verfiel ins Werten mit Gedanken wie: Wie kannst du es wagen, mich so zu behandeln? Getrenntheit, Urteil und Angriff traten auf den Plan. Um keine Szene zu machen, ließ ich sie stehen und zog los, um mir etwas zu essen zu besorgen.

Wieder eine Stunde später begab ich mich erneut ans Gate, um den aktuellen Stand der Dinge zu erfragen. Zu diesem Zeitpunkt saß ich bereits seit über sieben Stunden am Flughafen fest, und mir standen noch einige weitere bevor. Ich mühte mich redlich, mir meine Zen-Haltung zu bewahren und trat friedlich an den Schalter, um die Angestellte um Informationen zu bitten. Es waren inzwischen zwei neue Frauen hinzugekommen, aber die Unfreundliche, mit der ich vorher gesprochen hatte, drängte sich dazwischen. Sie schaute mich herablassend an und meinte: »Was wollen Sie schon wieder hier?« Das war der Moment, in dem ich austickte. Ich schaute sie an und sagte: »Wissen Sie, ich sitze hier seit sieben Stunden, und mein Flug hat zwölf Stunden Verspätung. Können Sie sich vorstellen, wie erschöpft ich bin und wie gern ich jetzt zu Hause wäre? Höflich mit mir zu reden, wäre das Mindeste, was Sie für mich tun könnten.« Sie beharrte auf ihrer Machtposition, behauptete, dass ich zu viele Fragen stellen würde und mich endlich beruhigen solle. Da fing ich an, Tacheles zu reden: »Ich bin eine der besten Kundinnen Ihrer Fluglinie«, sagte ich. »Ich meine, dass ich angesichts einer zwölfstündigen Verspätung einen freundlicheren Umgangston von Ihnen erwarten darf.« Sie interessierte sich weder für das, was ich sagte, noch für den schneidenden Ton in meiner Stimme, und so stürmte ich davon.

Laut zu werden und es ihr mit gleicher Münze heimzuzahlen, fühlte sich nicht gut an. Als ich vom Schalter wegging, kamen mir die Tränen. Ich setzte mich einen Moment hin und spürte in meinen Körper hinein. Ich fragte mich, warum ich so traurig war. Lag es daran, dass ich mich nicht durchsetzen konnte? Oder daran, dass ich mich respektlos behandelt fühlte?

Nein. Ich fühlte mich so, weil ich dem Ego-Gefühl der Getrenntheit erlegen war. Dies zu erkennen und bereit zu sein, meinen eigenen Anteil an der Situation zu sehen, war der erste Schritt, mit meinem Anfall im Urteilen aufzuräumen.

Der zweite Schritt bestand darin, mir klarzumachen, welche Gefühle meine wertende Haltung in mir ausgelöst hatte: Enttäuschung, körperliches Unwohlsein und Traurigkeit.

Ich war bereit, den dritten Schritt zu gehen und die Schatten der Vergangenheit loszulassen. Bei meinem nächsten Besuch am Schalter, so beschloss ich, würde ich der Frau so begegnen, als hätte ich sie nie zuvor gesehen. Ich beschloss, uns nicht als getrennt, sondern mich als eins mit ihr zu betrachten. Wieder hörte ich die Worte von Yogi Bhajan in mir: »Erkenne, dass du die andere Person bist.«

Um mich zusätzlich führen zu lassen, rief ich den Heiligen Augenblick an. Ich sprach mein Gebet: *Ich erkenne, dass ich eine falsche Wahl getroffen habe, vergebe mir diesen Gedanken und entscheide mich neu. Diesmal wähle ich die Liebe.*

Sofort fühlte ich mich besser. (Deshalb spricht man wohl vom »Heiligen Augenblick«.) Ich meditierte eine Zeit lang, hörte mir mein Mantra an und ließ mich wieder von der Gegenwärtigkeit der Liebe erfüllen. Ein tiefes Gefühl von Frieden erfasste mich. Mein Groll war verflogen, und ich spürte stattdessen eine tiefe Verbundenheit. In meinem Innern hörte ich die Stimme der Weisheit reden: *Sie ist du selbst. Ihr Schmerz ist auch deiner. Ihr Leid ist deines. Wir wollen beide nur eines: wieder in den Frieden zurückfinden.*

Als ich die Meditation beendete, hatte ich zu werten aufgehört. Ich konnte mich selbst in der Frau sehen und war frei. Ich nahm mein Buch zur Hand und entspannte mich. Nach einer kleinen Weile ging ich zum Schalter und sah sie an ihrem Platz sitzen. Ich fühlte, wie mich etwas an der Schulter fasste und mich meine Schritte verlangsamen ließ. Ohne groß darüber nachzudenken oder es geplant zu haben, stand ich mit einem Mal vor ihr, schaute ihr in die Augen und sagte: »Ich entschuldige mich dafür, in dieser Art mit Ihnen gesprochen zu haben. Es war unangemessen, und ich hoffe, dass Sie mir verzeihen.« Sie strahlte und antwortete: »Es tut mir leid, dass Sie einen so anstrengenden Tag hatten. Lassen Sie mich bitte wissen, wenn ich etwas für Sie tun kann.« Das war der Augenblick des Wunders. Als ich in jener Nacht endlich abfliegen konnte, war ich erschöpft, hungrig und ein klein wenig näher bei Gott.

Durch diese Übung im Überwinden des Wertens lösen sich alle Grenzen in Liebe auf. Sie bringt uns zu der Wahrheit zurück: dass wir alle in einem Boot sitzen. Wir leiden alle. Wir fühlen uns alle unwürdig und verlassen. Mit der Anrufung des Heiligen Augenblicks rufen wir uns in Erinnerung, dass wir alle gleich sind und freundlich miteinander umgehen sollten. Führen wir uns dieses Gleichsein vor Augen, gelingt es uns, unseren Fokus von der Getrenntheit zur Liebe zu verschieben. So, wie uns das Denksystem der Angst gemeinsam ist, so ist uns auch der liebende Geist gemeinsam. Und was ganz wichtig ist: Wir sind alle gleichermaßen fähig, der Liebe den Vorzug vor der Angst zu geben. Wie mein verehrter Lehrer Kenneth Wapnick einmal sagte: »Wir erkennen, dass wir alle das gleiche Interesse haben, aus dem Traum der Unfreundlichkeit zu erwachen und zu der liebevollen Zuwendung von dem zurückzukehren, der uns als liebevolle Wesen erschaffen hat.«

Lass uns noch einmal die vier Schritte rekapitulieren:

> Sei bereit, deine Urteile loszulassen, und erkenne an, dass du den Weg der Angst eingeschlagen hast.
> Vergib dir den wertenden Gedanken mit diesem Gebet: *Ich erkenne, dass ich eine falsche Wahl getroffen habe, vergebe mir*

diesen Gedanken und entscheide mich neu. Diesmal wähle ich die
Liebe.

> Lass den Schatten der Vergangenheit los, und begegne dem
  anderen, als wäre es das erste Mal. Betrachte ihn diesmal mit
  den Augen der Liebe.
> Praktiziere die Kundalini-Meditation, und erkenne, dass du
  die andere Person bist.

Mit diesem Vier-Schritte-Prozess kannst du von einem Augenblick zum nächsten Freiheit erlangen. Wann immer wir eine
Wertung loslassen und in die Liebe zurückkehren, erleben wir
ein Wunder. Sammeln wir solche Momente des Wunders, kommen wir mehr und mehr in Einklang mit unserer wahren Natur
und öffnen uns für die Unterstützung des Universums. Wann
immer du in den Prozess zum Überwinden des Wertens gehst,
wirst du eine liebevolle Antwort und eine Lösung erhalten. Wie
es in *Ein Kurs in Wundern* heißt:

> »Die Engel GOTTES schweben in der Nähe und
> überall. SEINE LIEBE umgibt dich, und dessen sei
> gewiss: dass ich dich niemals ungetröstet lassen werde.«

In Kapitel 10 zeige ich dir, wie du dich auf den Weg zu Frieden
und Harmonie begibst, indem du dich bewusst mit der Liebe
verbindest.

KAPITEL 10

DU BIST DAS UNIVERSUM

Vor einiger Zeit habe ich an einem Seminar meines Freundes und Lehrers Deepak Chopra teilgenommen. Am ersten Tag bat er uns, uns mit einem Partner zusammenzutun und uns gegenseitig eine Reihe von Fragen zu stellen. Meine Partnerin war eine junge Frau namens Elsa. Die Anweisung lautete, dass einer von uns der anderen eine Frage immer und immer wieder ins Ohr flüstern und diese darauf jeweils mit dem erstbesten Gedanken antworten sollte, der ihr gerade in den Sinn kam. Die erste Frage der Übung lautete: »Wer bist du?« Elsa flüsterte sie mir langsam ins Ohr. »Wer bist du?« Meine erste Antwort lautete: »Ich bin Gabrielle Bernstein.« Wieder fragte sie: »Wer bist du?« Ich antwortete: »Ich bin Gabby.« Sie fuhr mit dem Fragen fort, und ich antwortete mit Beschreibungen meiner Person, meines Charakters und wer ich in der Welt zu sein glaubte.

Nach einer Weile fuhr Elsa mit der nächsten Frage fort: »Was möchtest du?« »Was zum Naschen«, sagte ich. »Was möchtest du?«, fragte sie wieder. »Einen Mittagsschlaf machen«, sagte ich.

So ging dieses alberne Frage-und-Antwort-Spiel laufend weiter …

»Was möchtest du?«

»Eine ganze Nacht durchschlafen.«

»Was möchtest du?«

»Einen Kaffee.«

»Was möchtest du?«

»Einen Mittagsschlaf machen – habe ich das schon gesagt?«

Nach etlichen Fragerunden kamen wir zum Ende der Übung und kehrten auf unsere Plätze zurück. Ich weiß noch, dass ich mich ganz schrecklich fühlte. Ich dachte, jetzt bin ich hier auf einem spirituellen Retreat und kann an nichts anderes denken, als wo ich mir irgendwelche Süßigkeiten besorgen kann.

Es blieb mir nicht viel Zeit, mit meiner Einfallslosigkeit bei der Übung zu hadern, weil Deepak unmittelbar im Anschluss daran eine Gruppenmeditation mit uns machte. Er leitete uns an, ein Mantra zu rezitieren und alle Anhaftungen an die bisherigen Übungen loszulassen. Schon nach ein paar Minuten spürte ich ein Gefühl von Erleichterung. Ich begab mich an einen Ort der Stille zwischen den Gedanken. Es war der Raum, in dem nichts wichtig ist; in dem ich mich frei fühle. Ich entspannte mich in die Stille hinein und ließ alle Vorstellungen los, die ich um mich herum gewoben hatte. Auf einmal hörte ich eine innere Stimme laut in mir sagen: *Ich bin eins mit dem Universum, und ich möchte dem Bewusstsein näher kommen.* Diese Antwort aus meinem Unbewussten ließ die Tränen in mir aufsteigen. Im Angesicht der Wahrheit wichen Angst, Getrenntheit und Urteil. Ich war augenblicklich frei.

Im Laufe der Seminarwoche hatte ich Gelegenheit zu einem privaten Gespräch mit Deepak. Ich erzählte ihm von den verschiedenen spirituellen Richtungen, mit denen ich mich beschäftigt und allen Wegen, die ich eingeschlagen hatte, und davon, was ich für wahr und richtig hielt. Ich fragte: »Ist es gut, nach

Ein Kurs in Wundern zu leben, mich mit Kundalini-Yoga zu befassen, John of God zu besuchen und mich mit allen möglichen anderen spirituellen Traditionen zu befassen? Ist es in Ordnung, dass ich mir nicht eine bestimmte Lehre ausgesucht und mich ganz nach ihr ausgerichtet habe?« Er sagte: »Natürlich ist das in Ordnung. Du machst, was immer notwendig ist, um dein Bewusstsein zu erweitern.«

Deepak hatte recht. Es ist unsere Aufgabe zu tun, was immer notwendig ist, um unser Bewusstsein zu erweitern, und jede(r) von uns tut dies auf ihre bzw. seine eigene, ganz spezielle Weise. Jede Übung in diesem Buch bietet behutsame Führung, um dich zu größerer Bewusstheit zu bringen und dich daran zu erinnern, wer du wirklich bist: Du bist die liebevolle Energie des Universums. Diese Erkenntnis kann uns wie aus heiterem Himmel treffen, wenn wir es am wenigsten erwarten; in flüchtigen Momenten auf dem Meditationskissen oder in dem Augenblick, in dem wir beschließen, das Werten aufzugeben und zu verzeihen. Wäre es nicht schön, diese Verbindung öfter zu spüren?

Unsere Verbindung zur Liebe ist häufig nicht mehr als ein Flüstern im lärmenden Chaos unseres Geistes. Angst und Getrenntheit sind Muster, die es in jedem Moment neu zu durchbrechen gilt. Wenn wir mit ganzem Herzen daran arbeiten, sie durch Gebet und Meditation zu transformieren, werden wir uns mehr und mehr an der Liebe und weniger an der Angst orientieren. Uns auf die Liebe auszurichten wird uns zur Gewohnheit, und es gelingt uns, mit unseren Gedanken und unserer Energie schnell zur Wahrheit zurückzukehren.

Dieses Buch bietet einen Weg zur Loslösung von der Falschheit der Welt und ruft dir die Wahrheit in Erinnerung, die die Liebe ist. Konzentriere dich einfach auf deinen Vorsatz, dich auf die Frequenz des Universums einzuschwingen.

LEKTION DES UNIVERSUMS: Du bist eins mit dem Universum.

Um deine wahre Natur zu erkennen, musst du das Echo der Stimme der Liebe durch jeden einzelnen deiner Gedanken hallen hören. Selbst wenn du einen Umweg über die Angst machst, was tagtäglich laufend geschieht, lausche noch in dem Moment, in dem du deinen Irrtum erkennst, nach der Stimme der Liebe. Lass das angstgesteuerte Umherwandern deiner Gedanken nicht länger zu. Erhebe die Liebe zu deiner obersten Priorität.

Mal dir aus, wie anders dein Leben aussähe, wenn du dich von früh bis spät ausschließlich der Liebe verpflichten würdest. Stell dir vor, du wachst morgens auf und schaltest nicht wie üblich die Nachrichten ein, dröhnst dich weder mit Kaffee zu noch checkst du dein Smartphone; stattdessen beginnst du deinen Tag mit einer Übung in Hingabe, einem Gebet, einer Affirmation oder einem Moment der Meditation. Meine Lehrerin Marianne Williamson sagt: »Wenn wir uns Zeit für einen Augenblick der Ruhe nehmen, verläuft unser Leben anders, weil unser Nervensystem sich verändert.« Stimmen wir uns auf die Liebe des Universums ein, sinkt unser Stresspegel, unsere Zellen regenerieren sich und unsere Energie wird neu geordnet. Der bewusste Kontakt mit der Liebe unterbricht das Muster der Angst und lässt uns zu unserer wahren Natur zurückfinden.

Dieses Buch scheint viele verschiedene Lektionen zu enthalten, in Wirklichkeit aber ist es nur eine: Wähle die Liebe! Mit jeder Form von Praxis kommst du ihr näher. Jedes Gebet, jede Meditation und jede Übung hilft dir, deinen Fokus zu verschieben und dich nicht mehr als getrennt von der Liebe des Universums zu erleben. *Ein Kurs in Wundern* lehrt:

»Angst kann nie in einen Geist eintreten, der sich
der Liebe angeschlossen hat.«

Jedes Mal, wenn wir unsere Aufmerksamkeit zur Liebe zurück-
lenken, lassen wir das Gefühl der Getrenntheit los und richten
uns neu auf die Wahrheit aus.

Wenn wir mit der Liebe des Universums in Einklang sind,
kann unser Frieden nicht gestört werden. Kein Mensch, keine
Situation und kein Umstand vermag uns aus der Ruhe zu bringen. Es ist nicht leicht, dieses Konzept zu begreifen, weil wir
so fest an Angst und Getrenntheit glauben. Wir sind überzeugt,
dass wir verletzt werden können, und schützen uns um jeden
Preis. Auf der Ebene des Geistes können wir jedoch nie verletzt werden, weil wir jederzeit in die Liebe gehen können. Je
mehr wir uns der Liebe verschreiben, desto tiefer wird unser
Glaube an sie. Ich sage dies aus Überzeugung. Ich habe mein
Leben der Aufgabe gewidmet, die Angst zu verlernen und meine
getrennte Selbstwahrnehmung loszulassen. Jeder neue Tag bietet mir großartige spirituelle Aufgaben, die mich, wenn ich ihnen
mit Gebeten und Hingabe begegne, zu einer größeren Bewusstheit führen. Selbst während ich diese Worte hier schreibe, vertiefe ich diese Verbindung.

Wir sind alle insofern miteinander verbunden, als wir ein
und dasselbe Problem haben und es ein und dieselbe Lösung
dafür gibt. Unser Problem ist, dass wir uns auf einen Umweg
über die Angst befinden und uns in dieser Welt als getrennt
und unsicher erleben. Doch so, wie wir alle gleichermaßen an
dieser Tatsache leiden, ist auch die Lösung für uns alle gleich.
Sie liegt in der mentalen Fähigkeit, uns für die Liebe zu entscheiden.

Es kommt nicht darauf an, an welcher Stelle deines spirituellen Weges du dich befindest – ob du ein langjähriger Spirit-

Junkie bist oder dich gerade erst in das Thema einzulesen beginnst – du kannst diese Wahrheit jetzt annehmen: Du bist eins mit der Liebe des Universums. Unser spiritueller Pfad führt uns zu einer spirituellen Betrachtung der Dinge, und irgendwann ist es so weit, dass wir aufhören, uns auf unsere eigene Wahrnehmung der Welt zu verlassen. Dann sehen wir eher die Stärken als die Schwächen, eher die Einheit als die Getrenntheit und eher die Liebe als die Angst.

Als du angefangen hast, dieses Buch zu lesen, war die Stimme der Liebe wahrscheinlich noch weit von dir entfernt und kaum zu hören. Aber je mehr du dich zur Liebe hinwendest, desto mehr machst du dir die spirituelle Sichtweise zu eigen, hörst auf die Stimme der Liebe und kommst in die Freude und den Frieden. Das ist gemeint, wenn ich schreibe, dass du die Wahrnehmung von Getrenntheit loslassen und akzeptieren sollst, dass du eins mit dem Universum bist.

Indem wir solche einzelnen Momente wahrer Verbundenheit aneinanderreihen, fangen wir an, die Welt durch das Schauglas der Liebe statt durch die Brille der Angst zu betrachten. Selbst wenn wir uns von einer Situation vor den Kopf gestoßen fühlen, liegt es in unserer Macht, schnell zur Liebe zurückzukehren. Es ist an der Zeit, die Stimme der Wahrheit laut aufzudrehen und die von Angst und Getrenntheit zu dimmen. Tu es! Gib dich voll und ganz deiner spirituellen Natur, deiner Aufgabe, Leidenschaft und tiefen Verbundenheit mit dem Universum hin.

Du bist jetzt an einem Punkt deiner Praxis angelangt, an dem du bereit bist, deine wahre Verbindung zu akzeptieren. Mit den folgenden Schritten kannst du dein Vertrauen darauf vertiefen, dass du eins mit der Liebe des Universums bist.

Schritt 1: Sprich ein Gebet für die Wahrheit.

Gebete sind ein Tor zur Liebe. Das folgende Gebet vermittelt zwischen deiner Angst und der Wahrheit. Möge es wie ein unsichtbarer Führer für dich sein, der dich zur Liebe zurückgeleitet. Nimm jedes einzelne Wort tief in deinen Geist auf. Sprich es laut.

Ich rufe die Energie des Universums an,
meine Gedanken zur Liebe zurückzuführen.
Ich gebe die falschen Wahrnehmungen auf,
die ich mir zu eigen gemacht habe.
Ich vergebe mir diese Gedanken und weiß,
dass ich Liebe bin. Ich bin Frieden. Ich bin Mitgefühl.
Ich bin das Universum.

Nachdem du das Gebet gesprochen hast, lass dich mit der folgenden Meditation in die Energie der Liebe sinken.

Schritt 2: Meditiere, um dich mit dem Universum zu verbinden.

Mit der folgenden wunderschönen Kundalini-Meditation kannst du dein Herz für die Liebe öffnen. Sie bringt dich in eine tiefe emotionale und physische Verbindung mit dem Universum. Kundalini ist das Yoga des Bewusstseins. Ich lerne und lehre es, weil mich die Meditationen und Praktiken auf eine höhere Bewusstseinsebene bringen. Die hier beschriebene Meditation dient dazu, stagnierende Energien in Fluss zu bringen und eine direkte Ausrichtung auf das Universum zu bewirken. Mit der Körperhaltung, die du während der Meditation einnimmst, öffnest du dein Herz, um dich mit deiner wahren Natur zu verbinden und dich als eins mit dem Universum zu erleben.

Diese Meditation soll dir helfen, den liebevollen Geist des
Universums anzurufen.
Setz dich mit gekreuzten Beinen bequem auf den Boden.
Die Wirbelsäule ist aufrecht und der Nacken gerade.
Hebe die Arme im 60-Grad-Winkel nach oben über den
Körper. Die Ellbogen und Handgelenke sind gestreckt.
Der Oberkörper ist leicht nach vorne geneigt.
Die Hände sind im gleichen Winkel wie die Arme gestreckt.
Die Finger sind gestreckt und geschlossen, die Daumen
sind entspannt.
Schau dir die Abbildung genau an.

Geh in die Stille, und stell dir vor, wie in deinem Herzzentrum
eine Flamme brennt.
Atme dabei bewusst in langen, tiefen Zügen ein und aus.
Atme und visualisiere drei Minuten lang in dieser Position.
Nimm zum Abschluss einen tiefen Atemzug.

Halte den Atem fünfzehn Sekunden an, bevor du wieder ausatmest.

Atme erneut tief ein, und spüre in deine Verbindung zum Universum hinein.

Halte den Atem noch einmal fünfzehn Sekunden lang an und atme dann wieder aus.

Atme tief ein, und koste die Süße des Lebens.

Halte den Atem ein weiteres Mal fünfzehn Sekunden lang an und atme dann wieder aus.

Leg dich nach der Meditation auf den Rücken, um ein paar Minuten zu ruhen. Diese Yogastellung heißt *Savasana*. Ich betrachte sie als eine der wichtigsten Positionen, weil sie es uns erlaubt, uns wirklich in die Energie der Liebe hinein zu entspannen. Nimm dir also Zeit dafür.

Leg dich auf den Rücken, mit nach oben weisenden Handflächen, und lass dich vom Licht und der Liebe durchströmen. Möglicherweise fühlst du in den Handflächen ein Kribbeln, weil die Energiezentren in deinen Händen während der Meditation aktiviert wurden.

Lass deinen Körper von der liebevollen Energie durchfließen, und entspanne dich in *Savasana*.

In solchen Momenten des echten Loslassens kann sich dein Nervensystem neu organisieren und deine Verbindung zur Liebe regenerieren.

Schritt 3: Wahrheit ist dein Name.

Kehre nach einigen Minuten der Entspannung mit deiner Aufmerksamkeit wieder in deinen Körper zurück. Lass die Hand- und Fußgelenke ein paarmal kreisen, und finde dann behutsam in die sitzende Position zurück. Spüre dabei weiterhin deine

Verbundenheit mit dem Universum. Sobald du deinen Sitz gefunden hast, nimm einen tiefen Atemzug, und sprich laut *Sat Nam*. Beendest du eine Übung mit diesem Kundalini-Mantra, bekräftigst du damit deine wahre Natur. *Sat* heißt »Wahrheit« und *Nam* heißt »Name«. Mit dem Sprechen dieser Worte bringst du zum Ausdruck, dass die Herrlichkeit des Universums dein wahres Wesen ist.

Nach dieser Übung fühlst du dich vielleicht mit allem tiefer verbunden. Selbst wenn du dich nur einen flüchtigen Augenblick lang frei fühlst, bist du der Bewusstheit einen Moment lang näher gewesen. Yogi Bhajan sagte einmal: »Im Fluss der tiefen Meditation [...] sind meine Nektargedanken von Gott erfüllt.« Übe diese Meditation oft, und du wirst sehen, wie deine Verbindung zum Universum mit der Zeit im Alltag stärker an Präsenz gewinnt. Vielleicht machst du sie sogar an vierzig aufeinanderfolgenden Tagen, denn sie vermag dich unmittelbar in deine wahre spirituelle Natur zurückzuführen und ruft dir ins Bewusstsein, dass du das Licht des Universums bist.

Du kannst dir jederzeit deine wahre Natur vergegenwärtigen, indem du das Mantra *Sat Nam* oder dessen Übersetzung »Wahrheit ist mein Name« sprichst. Um glücklich und frei zu sein, müssen wir uns so oft wie möglich auf unsere wahre Verbindung besinnen. Durch dieses behutsame Erinnern kehren wir jedes Mal heim. Gewöhne dir an, das Mantra *Sat Nam* zu sprechen, wann immer du spürst, dass du die Ausrichtung auf das Universum verloren hast.

Durch die Schwingung des Mantras manifestiert sich Wahrheit in deinem physischen Erleben. Die Schwingung von *Sat* reicht in den Äther hinauf und aktiviert deine Verbindung mit dem Universum. *Nam* hingegen ist eine erdende Schwingung, mit der du die Energie des Universums in deinen irdischen Alltag holst. Bring die Wahrheit deines Selbst in jeden Winkel deines Lebens hinein. Lass dich auf all deinen Wegen von Frieden begleiten.

Schritt 4: Beschreite den Weg der Demut.

Um dich auf deinem spirituellen Weg wirklich entfalten zu können, musst du dich in Demut üben. Zu wissen, dass du eins mit dem Universum bist, heißt, dass du dich nicht länger als etwas Besonderes oder von anderen Getrenntes betrachten kannst. Dies zu verinnerlichen kann eine der größten spirituellen Herausforderungen sein, denn wir sind es gewohnt, an die Geschichten zu glauben, die uns sagen, wer wir sind.

Demut ist nichts, was sich einfach so einstellt. Zumindest auf mich trifft das zu. Ich war viele Jahre mit großem Eifer auf dem spirituellen Pfad unterwegs, ohne den äußeren Anschein aufzugeben, mit dem ich mich umgeben hatte. Tief im Innern wusste ich zwar, dass ich mit dieser Ego-Wahrnehmung meine Verbindung zur Liebe blockierte, doch diese Gewohnheit aufzugeben fiel mir alles andere als leicht. Zum Glück konfrontierte mich das Universum mit einer göttlichen Lernaufgabe, die mich Demut lehrte und mich auf meine wahre Größe zurechtstutzte.

Wie das geschah? Nun, man überging mich vor nicht allzu langer Zeit bei einer Veranstaltung, die ein prominenter Lehrer meines Fachs organisierte und bei der viele andere Kollegen einen Auftritt hatten. Dass ich nicht eingeladen wurde, versetzte meinem Ego einen schmerzlichen Schlag. Ich hatte das Gefühl, eine Chance zu verpassen, und obwohl ich es niemandem gegenüber offen aussprach, wühlte es mich ungemein auf. Also bat ich meine Verlegerin, einmal nachzufragen, warum man mich außen vor gelassen hatte. Nachdem sie ein wenig nachgeforscht hatte, rief sie mich an: »Es war komisch, Gab. Als ich die zuständigen Frauen gefragt habe, warum sie dich nicht mit auf die Liste gesetzt hätten, haben sie einen wissenden Blick ausgetauscht. Du nähmst dich zu wichtig, das war ihre Ansicht.« Ich war auf hundertachtzig. »Wie kommen sie denn auf die Idee? Ich habe doch nie etwas falsch gemacht!« Sie entgegnete: »Sie meinten, es hätte mit der Schwingung zu tun, die von dir rüberkäme.«

Ich brütete ein paar Stunden darüber und durchlief sämtliche Emotionen von Frustration und Ärger. Ich war entrüstet, beschämt und verunsichert. Mir war einfach unbegreiflich, was ich getan haben mochte, um sie zu dieser Meinung zu bringen.

Nachdem ich meine Gefühle einigermaßen verarbeitet hatte, beschloss ich, nach einer spirituellen Lösung zu suchen. Ich bat das Universum, mir meine Aufgabe zu zeigen. In tiefer Kontemplation und mit einer ehrlichen Bestandsaufnahme meines Verhaltens schaute ich mir genau an, welchen Anteil ich an der Situation hatte. Obwohl ich glaubte, nichts »falsch« gemacht zu haben, wusste ich doch, dass unsere Schwingungen lauter als Worte sprechen. Ich konfrontierte mich aufs Ehrlichste mit der Art und Weise, wie ich mich als etwas Besonderes und von anderen getrennt erlebte. Auch meine mangelnde Demut schaute ich mir ganz genau an. So gelangte ich zu der Erkenntnis, dass mir diese extrem unangenehme Situation die perfekte Lernaufgabe bot, um mir ein für alle Mal Demut beizubringen. Nur wenn ich mich darin übte, würde ich je den Schatten sehen können, der ans Licht gebracht werden sollte.

Ich erinnerte mich an eine Botschaft meines großartigen *Ein-Kurs-in-Wundern*-Lehrers Kenneth Wapnick: »Wir sollten für alle Situationen dankbar sein, die die unangenehmsten Gefühle in uns auslösen, denn ohne sie würden wir nicht wissen, dass etwas in uns noch nicht heil ist.«

Ich ließ mich von meinen zutiefst belastenden Gefühlen zur Wahrheit zurückführen und nutzte diese Lernaufgabe des Universums, um mich auf den Pfad der Demut zu begeben. Vorbei war die Zeit, in der ich zwischen spiritueller Demut und meinem weltlichen Ego hin- und herspringen konnte. Ich musste diesen Tanz aufgeben und meine wirkliche Aufgabe annehmen: Liebe zu sein und Liebe in die Welt zu tragen. Fehlte es mir an Demut, würde ich nie wissen, was es heißt, eins mit dem Universum zu sein.

Seither übe ich mich jeden Tag darin, mich demütig der Fürsorge des Universums anzuvertrauen. In meinem Morgengebet schaue ich mir meine Selbstwahrnehmung genau an, gebe meine Wünsche und Erwartungen ab und überlasse dem Universum die Führung. Mit dieser Übung in Demut führe ich mir jeden Tag vor Augen, wer ich wirklich bin.

Den Pfad der Demut zu beschreiten heißt nicht, dass wir aufgeben sollten, nach Großartigkeit zu streben. Es bedeutet im Gegenteil, unsere wahre Größe und Kraft anzuerkennen – die Kraft, die aus unserer demütigen Verbindung zur Liebe entspringt.

Um unser liebevolles Wesen wirklich anzunehmen, müssen wir all unsere Geschichten, die wir um uns herum gewoben haben, aufgeben. Das ist eine echte Herausforderung. Aber vertraue darauf, dass schon ein kurzer Moment der Verbundenheit genügt. Menschen, die sich gegenüber metaphysischen Wahrheiten zu öffnen beginnen, macht es oft Angst, ihre Vorstellungen von der Welt aufzugeben und sich mit der Liebe zu verbinden. Ja, es macht Angst, die Überzeugungen loszulassen, die wir zeitlebens hatten. Aber dein Glück und dein Frieden hängen davon ab, dich von diesen Vorstellungen zu lösen.

Damit kehren wir an den Ausgangspunkt zurück: zu unserem Widerstand gegenüber der Liebe. Vergiss nicht, dass sich die Angst der Liebe widersetzt, und zwar besonders dann, wenn die Liebe in deinem Leben an Präsenz gewinnt. Sei dir einfach deines angstgesteuerten Widerstands bewusst, und bleib beharrlich auf dem Weg der Demut.

Deine menschlichen Erfahrungen sind Teil deiner spirituellen Reise. Du brauchst also nicht davon auszugehen, ständig auf all deinen Wegen in göttlicher Verbindung zu sein. Strebe vielmehr danach, viele Bewusstseinsmomente aneinanderzureihen, um dir die letztliche Gewissheit vor Augen zu führen, dass du als Geistwesen der Liebe gerade das Dasein als Mensch durchlebst.

Eröffne dir jetzt einen solchen Bewusstseinsmoment, indem du dir erlaubst, dich selbst in deiner Großartigkeit zu sehen. Lies die folgende Passage aus *Ein Kurs in Wundern,* die dir behutsam in Erinnerung ruft, wie grenzenlos du bist:

»Die Macht, die GOTT dir gab, so zu verwenden, wie ER sie verwendet haben möchte, ist natürlich. Es ist nicht arrogant, zu sein, wie ER dich schuf [...]. Es ist hingegen arrogant, die Macht, die ER dir gab, wegzulegen und einen kleinen, sinnlosen Wunsch anstelle dessen, was ER will, zu wählen. GOTTES Gabe an dich ist grenzenlos. Es gibt nicht einen Umstand, den sie nicht beantworten könnte, und kein Problem, das nicht in ihrem huldvollen Licht gelöst wird.«

Gib dein Bestes, um jeden Tag so gut es geht in Kontakt mit dem Universum zu sein. Nutze deine Zeit, um dich dem möglichen positiven Ausgang der Dinge zuzuwenden, statt dich mit all den Dingen zu befassen, die schiefgehen könnten. Bete, wann immer du im Zweifel bist, und meditiere, um deine Verbundenheit zu stärken. Wenn du dich in Konflikte verstrickst, entscheide dich, nach kreativen Lösungen zu suchen. Durch deine hingebungsvolle Praxis eröffnest du dir permanent die Möglichkeit, die Unterstützung des Universums zu erlangen und dich glücklich und friedvoll zu fühlen.

Freude fließt dir zu, wenn du dich tagtäglich nach innen wendest. Vielleicht magst du dich weiterhin tief im Innern mit deiner Getrenntheit identifizieren und deine Erfahrung für einzigartig halten; doch in deinem Bewusstsein gibt es einen kleinen Raum, in dem die Wahrheit lebt. Der Glaube daran reicht, dich auf dem Weg zu halten.

Rekapitulieren wir noch einmal die Lektionen dieses Kapitels:

> Mach, was immer du tun musst, um dein Bewusstsein zu erweitern.
> Erlebe deine Verbundenheit mit allem. Sprich das Gebet für die Wahrheit, und praktiziere die Kundalini-Meditation, um deine Verbindung zum Universum auf einer zunehmend tieferen Ebene zu erfahren.
> Rufe dir in Erinnerung, dass die Wahrheit dein Name ist. Arbeite mit dem Mantra *Sat Nam,* um den Kontakt mit deiner wahren Natur zu pflegen.
> Beschreite den Weg der Demut, um in deiner universalen Wahrheit zentriert zu bleiben.

Denk daran, was Deepak Chopra mir einmal sagte: »Du musst tun, was immer notwendig ist, um dein Bewusstsein zu erweitern.« Bleibe konsequent und bewusst in Kontakt mit dem Universum. Auf diese Weise wirst du Freiheit erlangen. In Kapitel 11 hast du Gelegenheit, diese Verbindung durch die Praxis der Hingabe zu vertiefen.

KAPITEL 11

WENN DU GLAUBST, DICH HINGEGEBEN ZU HABEN, GIB DICH MEHR HIN

Etwa um die Zeit, als ich an diesem Buch zu arbeiten begann, fingen mein Mann und ich an, ein Baby zu planen. Ich hatte mir alles perfekt ausgemalt. Meine Erwartung war, sofort schwanger zu werden und darum weniger zu reisen, sodass ich mich zu Hause entspannt dem Schreiben widmen und meine Schwangerschaft genießen konnte.

Ich war von diesem Plan völlig überzeugt. Ich sagte Vortragstermine ab, sagte Nein zu manch toller Gelegenheit und schaffte mir alle möglichen Dinge vom Hals, um Zeit für mich zu haben. Meine Ziele standen fest, und der Plan war wasserdicht. Aber es gab da ein Problem: Ich wurde nicht schwanger. Monat um Monat stimmte ich alle meine Ziele und Erwartungen auf meinen Baby-Plan ab. Ich teilte sämtlichen Freunden mit, dass wir gerade »bewusst an meiner Schwangerschaft arbeiteten«, in Wirklichkeit aber arbeitete ich eher unbewusst daran, alles unter Kontrolle zu haben.

Das starke Gefühl, dass es mir bestimmt sei, Mutter zu werden, und meine intuitive Gewissheit, dass es eine Seele gab, die darauf wartete, als unser Kind zu uns zu kommen, ließen mich an meinem Plan festhalten. Ich fing an, mir zwanghaft Gedanken über das Timing zu machen. Wie sonst konnte ich eine

Schwangerschaft und ein Kind in meinem geschäftigen Leben unterbringen? Die Zukunftsplanung wurde zu einer regelrechten Obsession. Wenn wieder ein Monat vergangen war, in dem es nicht geklappt hatte, fing ich bei null an. Ich zog meinen Kalender heraus, blätterte neun Monate vor, stresste mich mit dem Gedanken, wie sich alles arrangieren ließe, und versuchte verzweifelt, das Ganze so zu regeln, dass diese wichtige Erfahrung in meinem Leben bloß nicht zum ungelegenen Zeitpunkt käme. Mit meinem Bedürfnis, den Plan total unter Kontrolle zu behalten, schnitt ich mich von der Kommunikation mit dem Universum ab. Im Stillen verurteilte ich mich dafür, nicht schwanger zu werden, und verglich mich mit all den Frauen ringsum, die es doch auch geschafft hatten. Das Schlimmste von allem war: Ich lief überall herum und erzählte, wie sehr ich darauf vertraute, Mutter zu werden, obwohl tief in meinem Innern die unterdrückte Angst war, dass es eben doch nicht so weit kommen würde.

Etwa neun Monate waren auf diese Weise ins Land gezogen, als ich zu einer Silvesterparty mit Freunden vom College ging. Alle anderen Paare, die wir dort trafen, hatten Kinder, nur mein Mann und ich nicht. Ich fühlte mich als Außenseiterin und hatte den Eindruck, dass diese Lebensphase einfach so an mir vorüberging. Während des gesamten Abendessens verglich ich mich mit jedem Einzelnen der anderen Gäste und war total am Boden zerstört.

Als ich am nächsten Morgen, dem Neujahrstag, aufwachte, merkte ich, dass meine Periode eingesetzt hatte. Es war also wieder ein Monat vergangen, und unzählige Pläne waren umgestoßen worden, ohne dass Aussicht auf ein Baby bestand. Die erste Hälfte des Tages verbrachte ich in tiefer Depression. Mir war, als wäre ich in einer schamvollen Stille eingemauert, aus der es keinen Ausweg gab. Mein Freund Jordan hatte bei mir übernachtet, und irgendwie fand ich den Mut, ihm zu erzählen, wie es mir ging. Er hörte sich alles an und riet mir ohne langes Nachdenken, doch einmal näher hinzuschauen, wie ich mich durch meine Angst und mein Kontrollbedürfnis von der Liebe abgeschnitten hatte. Statt mich mit den Freundinnen zu vergleichen, die bereits Kinder hatten, solle ich mich lieber mit ihnen freuen. Würde ich ihr Glück und ihre Liebe teilen, würde ich mich darin selbst erkennen. Das Gespräch half mir, zu begreifen, wie ich mich mit meiner festgefügten, starren Agenda in ein Gefühl der Hoffnungslosigkeit hineingetrieben hatte.

Nachdem ich mit Jordan geredet hatte, wandte ich mich auf der Suche nach Heilung an die Liebe des Universums. Ich betete um Hilfe, meinen eigenen Plan loslassen und mich einem sehr viel größeren Plan anvertrauen zu können. In der Stille nach dem Gebet hörte ich eine Stimme in mir sagen: *Deine Pläne stehen Gottes Plan im Weg.* Ich konnte mit einem Mal klar erkennen, wie ich den größeren Plan blockiert hatte, akzeptierte die Situation als weitere Lernaufgabe des Universums und nahm die Möglichkeit zu spirituellem Wachstum an.

Wir Menschen lieben es, uns Ziele zu setzen und Pläne zu schmieden. Es ist schlau eingerichtet, dass wir unsere Gedanken organisieren können und uns nicht von den kleinen Widrigkeiten des Alltags aus der Bahn werfen lassen. Wenn wir uns aber allzu sehr darauf fixieren, unsere Ziele zu erreichen und unsere Pläne durchzuziehen, stehen wir uns selbst im Weg. Dann sind wir nämlich überzeugt, dass wir schon selbst wissen, was das Beste für uns ist, was uns beharrlich dem Pfad des Ego folgen lässt. Der Preis, den wir dafür zahlen, ist, von der Kommunikation mit dem Universum abgeschnitten zu sein.

Mit diesem Verhalten verhindern wir, das zu manifestieren, was dem höchsten Wohl des Ganzen entspricht. Zum Glück gibt es die Hoffnung. Sie ist die Energie, die uns trägt, wenn wir unseren spirituellen Glauben aus den Augen verlieren. Die Hoffnung hält in uns die Erinnerung an die Macht der Liebe wach und öffnet den Pfad hin zum höchsten Wohl des Ganzen.

LEKTION DES UNIVERSUMS: Ziele überschatten die Führung.

Der Teil in mir, der alles unter Kontrolle haben will, kann das Wort Hoffnung nicht leiden. Für meinen angstgesteuerten Verstand schwingt in dem Begriff die Vorstellung mit, dass es da etwas gibt, das ich aus eigener Kraft nicht bewirken kann. Doch ob ich den Gedanken nun mag oder nicht, Hoffnung war genau das, was ich brauchte. Sie hilft uns, durch unsere Probleme hindurchzugehen und sie aus einem anderen Blickwinkel zu betrachten. Sie ist der Kanal für Wunder. Damit ich Traurigkeit, Scham und Kontrollbedürfnis hinter mir lassen konnte, musste ich mich der Hoffnung hingeben und meine Pläne loslassen.

Während ich in diesen Prozess ging, wurde ich an die Notwendigkeit erinnert, im Innern nach Antworten zu suchen. Von C. G. Jung stammt der Ausspruch: »Wer nach außen schaut, träumt. Wer nach innen schaut, erwacht.« Suchen wir nach unserem Glauben im Außen, verlieren wir uns in den Träumen darüber, wer wir sein müssen, was wir brauchen und wann wir es benötigen. Wenden wir uns aber nach innen, vertrauen wir uns der einen, einzigen Wahrheit an: der Liebe. Geben wir uns ihr hin, können wir unsere dunkelsten Momente als größte Katalysatoren der Wandlung erleben.

Der Weg zurück zur Hoffnung führt über die Hingabe. Sie ist leider nichts, was uns natürlich zufließt, sie erfordert tägliche Praxis. Versetze dich in meine Lage: Da schrieb ich an einem Buch, in dem es darum geht, auf die Liebe des Universums zu vertrauen, und versuchte doch die ganze Zeit, meine

eigenen Lebensumstände im Griff zu haben! Das Kontrollbedürfnis ist etwas Hinterlistiges. Es kann uns aus heiterem
Himmel erfassen. Die beste Möglichkeit, ja letztlich die einzige Möglichkeit, um im Fluss mit dem Universum zu sein,
ist, uns hinzugeben – und uns dann noch ein wenig mehr hinzugeben.

Das ist keine leichte Aufgabe. Ich beobachte laufend, welche Schwierigkeiten wir damit haben, insbesondere wenn es
um finanzielle Dinge geht. Die Vorstellung, uns im Hinblick
auf das Geldverdienen auf das Universum zu verlassen, ist für
viele erschreckend. Wenn wir unsere Einkommenssituation nicht
total unter Kontrolle haben, fürchten wir, unsere Rechnungen
nicht zahlen zu können und in eine Spirale zu geraten, die
uns ins Chaos führt. Aber mit dieser kontrollierenden Haltung
blockieren wir vielleicht andere, uns einzustellen oder zu be-
fördern oder uns unsere Produkte abzukaufen. In finanziellen
Angelegenheiten auf das Universum zu vertrauen heißt nicht,
dass wir nicht arbeiten und aktiv sein sollten. Es bedeutet vielmehr, aus einer inneren Haltung des Vertrauens heraus zu handeln: Wir geben unsere finanziellen Bedürfnisse ans Universum
ab und verrichten gleichzeitig vertrauensvoll und in einer inneren Haltung von Bescheidenheit aufrechten Hauptes unsere
Arbeit. Vertrauen und Bescheidenheit und nicht die Energie der
Kontrolle bereiten der Fülle den Weg.

Schwierigkeiten treten auch im Zusammenhang mit zwi-
schenmenschlichen Beziehungen auf. Ich beobachte immer
wieder, wie Menschen versuchen, das Verhalten ihres Partners
zu kontrollieren oder eine Beziehung zu manipulieren. Das
heißt nicht unbedingt, dass sie berechnend sind oder es ihnen
an Fürsorglichkeit fehlt – ganz und gar nicht. Sie sind nur verzweifelt bemüht, die Beziehung so »hinzudrehen«, wie es ihren
Vorstellungen entspricht. Kontrollieren wir unsere Beziehun-

gen, blockieren wir jedoch die Liebe und berauben uns unserer spirituellen Lektionen. Legen wir sie hingegen vertrauensvoll in die Hände des Universums und lassen uns von ihm führen, ist das, als würden wir eine Sitzung bei einem unsichtbaren Therapeuten buchen. Auf ganz natürliche Weise kehrt in der Beziehung Liebe ein, wir werden auf vielfältige Weise geführt, und unser Verhalten ändert sich. Üben wir uns in Hingabe und stellen unsere Beziehungen in das Licht der Liebe, tritt unser höchstes Selbst auf den Plan.

Was aber ist mit unseren Zielen und Plänen? Wenn du mir auch nur ein klein wenig ähnlich bist, legst auch du großen Wert darauf, einen Plan zu haben und diesen durchzuziehen. Allzu viel zu planen blockiert jedoch die natürliche Ordnung und schränkt die an und für sich grenzenlosen Möglichkeiten ein. Zu viele Pläne beschneiden dich in deiner Fähigkeit, zum Mitschöpfer des Universums zu werden. Starres Festhalten an einem Plan zwingt dich, dich auf deinen Willen zu verlassen, was dich vom Wissen und der Unterstützung des Universums abschneidet. In meinem Fall blockierte ich mit meinem Plan die heilige Freude des Zeugungsakts. Ich musste mich erst von meinen Vorstellungen im Hinblick auf das Timing und meinen Terminkalender verabschieden, um mich von der Liebe führen zu lassen und in meinem Leben Raum zur Entfaltung von Gnade zu schaffen. Ich musste meine Pläne und Erwartungen an das Universum abgeben und darauf vertrauen, dass mir die Liebe den Weg weisen würde.

Sich der Liebe hinzugeben, muss nicht komplett und über Nacht gelingen. Es geschieht in der Tat nicht mit einem Mal. Hingabe zu üben ist ein Prozess. *Ein Kurs in Wundern* sagt:

»Jeder kleine Schritt wird ein wenig von der
Dunkelheit beseitigen.«

Hier sind die Schritte, mit denen ich die Dunkelheit beseitigt, mich aus meinem kontrollierenden Verhalten gelöst und mich der Liebe des Universums hingegeben habe:

Schritt 1: Nimm die Hände vom Lenkrad.

In seinem Buch *Die Spur zur Seele* fordert Gary Zukav uns auf, die Hände vom Lenkrad zu nehmen, dem Universum zu sagen: »Dein Wille geschehe« und uns in unseren Absichten von dieser Gewissheit leiten zu lassen, sodass unser Leben komplett in die Hände des Universums übergeht.

Damit das Universum die Führung wieder übernehmen kann, müssen wir unsere Pläne und die Kontrolle aufgeben. Wir erlauben der Stimme unserer Intuition und der Energie der Liebe, uns zu führen.

Die Hände solchermaßen vom Lenkrad zu nehmen heißt zu beten. Um dich in Hingabe zu üben, beginne am besten jeden Tag mit den folgenden Worten:

Universum, heute lege ich meine Ziele und Pläne
in deine Hände. Ich gebe meine Agenda ab und vertraue mich
deiner spirituellen Führung an. Ich vertraue darauf,
dass es einen Plan gibt, der weit größer ist als meiner.
Ich weiß, dass anstelle von Mangel und Begrenztheit
spirituelle Lösungen und kreative Ideen treten werden.
Ich überlasse der Liebe die Führung.
Dein Wille geschehe.

Diese Worte helfen dir, dich der Führung des Universums hinzugeben. Im Loslassen und Zulassen eröffnen wir uns einen grenzenlosen Raum voller Möglichkeiten, und Wunder geschehen. In dem Augenblick, in dem ich mich von meinem Babywunsch löste, fühlte ich mich auf einmal getragen. Ich wusste, dass mich das Universum genau in die richtige Richtung führte und alles zur rechten Zeit geschehen würde. Mich seinem Weg anzuvertrauen, ließ mich inmitten aller Ungewissheit frei und zufrieden sein.

Schritt 2: Lass deine Zeitvorstellungen los.

Was uns am meisten hindert, im Vertrauen zu sein, ist unsere Vorstellung von der Zeit. Es gibt viele Situationen in unserem Leben, die sich unserer Kontrolle entziehen. Wir können nicht festlegen, an welchem Tag genau wir schwanger werden, unser Geliebter uns einen Heiratsantrag macht oder eine Million anderer Dinge passieren sollen. Was wir hingegen sehr wohl in der Hand haben, ist, wie wir jeden Moment eines jeden Tages erleben. Um die Kontrolle der Zeit aufzugeben, müssen wir uns auf den gegenwärtigen Augenblick einlassen. Wir können jeden Moment ein Wunder empfangen, wenn wir uns für die Liebe entscheiden. Die einfache Wahl, statt in die Angst in die Liebe zu gehen, kann uns der Zeit entheben und uns die Hoffnung und den Glauben zurückgeben. In die Liebe zu gehen, ist eine Entscheidung, und dazu ist nichts anderes nötig als deine Bereitschaft, sie zu treffen. Wann immer du es tust, ist dies ein Wunder. Und mit deiner totalen Bereitschaft endet deine zwanghafte Fixierung auf die Zeit. Das Wunder geschieht jetzt.

In *Ein Kurs in Wundern* heißt es:

»Das Licht ist gekommen.«

Über diese Zeile habe ich einmal ein sehr tiefes Gespräch mit meinem Freund und Mentor Robert Holden geführt. Er interpretiert sie so, dass wir behutsam daran erinnert werden sollen, dass das Licht nicht kommt, wenn wir einen bestimmten Job an Land ziehen oder ein Baby gebären. »Das Licht ist gekommen.« Das heißt, es ist bereits da. Du kannst dich daher zu jedem gegebenen Zeitpunkt dem Licht hingeben und im Wunder leben.

Um unsere zwanghafte Fixierung auf die Zeit aufzugeben, müssen wir begreifen, dass wir bereits all die ersehnte Liebe, die Freude und den Frieden in uns tragen. Wann immer du merkst, dass du in der Zeit verstrickt bist, kannst du in das Wunder des Augenblicks zurückkehren. Akzeptiere, dass das Licht bereits da ist, und lebe im Wunder. Stell dir vor, wie frei du dich fühlen würdest, wenn du dein Leben von Augenblick zu Augenblick und nicht von Meilenstein zu Meilenstein gestalten würdest.

Wenn du die Zeit loslässt, kannst du auf die vom Universum gegebene Abfolge der Dinge vertrauen. Dann weißt du, dass dir alles zum optimalen Zeitpunkt begegnet, sodass du daran wachsen und heil werden kannst. Nimm das Wunder an, das dir in jedem Moment begegnen kann; dann wird dir jeder einzelne Schritt deines weiteren Weges klar gezeigt. Beeile dich nicht mit deiner spirituellen Entwicklung. Genieße sie lieber! Es kommt auf den Weg an, nicht auf das Ziel.

Schritt 3: Gib deine Ziele auf, und überlasse dem Glauben die Führung.

Wir müssen lernen, unsere Ziele aufzugeben und stattdessen auf Hoffnung und Glauben zu setzen. In Zielen schwingt oft das Gefühl mit, etwas erreichen zu müssen, um glücklich zu sein. Es spricht nichts dagegen, Visionen, Träume und Wünsche zu haben, solange wir bereit sind, uns von ihnen zu lösen. Der Schlüssel besteht darin, große Visionen zu entwickeln und sie dann dem Universum zu übergeben.

Um uns frei zu fühlen und Hingabe zu üben, müssen wir lernen, unsere Anhaftungen loszulassen. Deepak Chopra sagt: »Wenn du aus einem bestimmten Grund glücklich bist, bist du immer noch im Leid, weil dir dieser Grund morgen genommen werden kann.« Statt unser Glück von einem bestimmten Grund oder Resultat abhängig zu machen, müssen wir lernen, auf die Wunder des Universums zu vertrauen. Jeder Tag bringt uns neue Wunder, über die wir uns freuen können. Jeder Augenblick kann ein Wunder sein, wenn wir beschließen, es so wahrzunehmen.

Statt dich auf Ziele und Resultate zu konzentrieren, leg deinen Fokus lieber darauf, dich über das zu freuen, was du bereits hast. Nimm dir jeden Tag etwas Zeit, um deine Aufmerksamkeit auf das zu richten, was in deinem Leben richtig gut läuft. Ich für meinen Fall gab das Ziel auf, zu einem bestimmten Zeitpunkt schwanger zu werden, und konzentrierte mich stattdessen auf die tiefe Liebe, die ich für meinen Mann empfinde. Ich richtete meine Energie auf meinen Körper und die Gesundheit, mit der er gesegnet ist. Ich konzentrierte mich auf mein Zuhause und den Raum, den ich in meinem Leben für das Baby schaffe, das zu empfangen ich bereit bin. Statt darauf zu starren, wann etwas (oder jemand) Neues in mein Leben treten wird, schaue ich auf das, was ich bereits habe.

Richtest du deinen Fokus auf das, was du bereits verkörperst oder in deinem Leben genießt, kannst du das loslassen, was du zu brauchen glaubst. Das heißt nicht, dass du deine Wünsche komplett über Bord werfen sollst. Ganz im Gegenteil! Du begegnest deinem Wunsch nur mit sehr viel mehr Energie und Liebe, wenn du den Druck wegnimmst. Dich auf das zu konzentrieren, was du bereits hast, bringt mehr von dem hervor, was du dir wünschst.

Schritt 4: Übergib deinen Wunsch an das heilige Dreieck.

Ein schöner Gegenstand, den ich in meiner spirituellen Praxis benutze, ist das hölzerne Gebets-Dreieck, das über meinem Altar hängt. Jede seiner Ecken hat eine Bedeutung: Glaube, Liebe und Wohltätigkeit. Die Anhänger von John of God verwenden es, um die spirituelle Hingabe zu erleichtern. Man schreibt einen Wunsch auf, hängt ihn in das heilige Dreieck und geht davon aus, dass die Wesenheiten sich um ihn kümmern werden. Der Wunschzettel bleibt eine Woche dort, dann nimmt man ihn ab und verbrennt ihn. Das Verbrennen des Papiers steht für den Glauben und das Vertrauen darauf, dass der Wunsch in Erfüllung gehen wird.

Beim Schreiben dieses Kapitels wurde mir bewusst, dass ich meinen Wunsch, Mutter zu werden, noch nicht in mein heiliges Dreieck gehängt hatte. Ich steckte so tief in meinem kontrollierenden Modus fest, dass ich diesen entscheidenden Schritt vergessen hatte. Als ich den Zettel schließlich aufhängte, teilte ich dem Universum auf diese Weise mit, dass ich die Angelegenheit bei ihm in guten Händen weiß.

Du kannst dir selbst ein heiliges Dreieck ganz einfach aus Karton zuschneiden. Wenn dir diese Idee nicht gefällt, kannst du auch eine Gebetsschatulle herstellen, die denselben Zweck wie das Dreieck erfüllt. Das habe ich auch schon vielen meiner Schüler gezeigt: Nimm einfach eine kleine Schachtel oder Kiste, und beklebe oder verziere sie mit Symbolen zur Verstärkung deiner Kraft. Und wenn du dein Dreieck oder deine Schatulle hast, dann benutze sie auch. Schreib deinen Wunsch auf und übergib ihn dem Universum. Nimm den Wunschzettel nach einer Woche heraus, und verbrenne ihn. (Mach es aus Sicherheitsgründen über der Küchenspüle. Wenn du nicht mit Feuer hantieren magst, kannst du ihn auch in der Toilette hinunterspülen.) Mehr braucht es nicht. Achte aber darauf, nicht denselben Wunsch mehrmals in die Schatulle zu legen. Damit würdest du zeigen, dass es dir an Vertrauen fehlt.

Es handelt sich hierbei um eine starke Übung in Hingabe. Mach die drei ersten Schritte, und übergib deinen Wunsch dann ans Universum, indem du ihn in das heilige Dreieck hängst oder in deine Gebetsschatulle legst. Sprich dabei ein stilles Gebet der Hingabe. Übergib deinen Wunsch ein für alle Mal in der Gewissheit, dass du gehört wirst.

Diese vier Schritte werden dir sehr dabei helfen, loszulassen, was du zu brauchen meinst, und anzunehmen, was zum höchsten Wohl des Ganzen ist. Achte auf die subtilen Veränderungen, die sich von einem Augenblick zum nächsten ergeben. Wie *Ein Kurs in Wundern* sagt:

»Jeder kleine Schritt wird ein wenig von der
Dunkelheit beseitigen.«

Vielleicht fragst du dich, wie du nun wissen kannst, ob du dich wirklich hingegeben hast. Du weißt es, wenn du darauf vertraust, dass das Universum einen besseren Plan hat als du. Du hast dich hingegeben, sobald du aufhörst, zu manipulieren und den Ausgang zu forcieren. Du hast dich hingegeben, wenn du in deinem Leben nicht mehr die Zügel in der Hand zu halten brauchst, sodass das Universum seine Arbeit tun kann. Und zu guter Letzt: Du weißt, dass du dich hingegeben hast, wenn du dich nicht mehr für dein Kontrollbedürfnis zu rechtfertigen brauchst.

Befolge diesen Weg, und gib deine Ziele auf. Lass uns das Kapitel noch einmal zusammenfassen:

> Nimm die Hände vom Lenkrad und bete.
> Lass deine Zeitvorstellungen los, und begreife den gegenwärtigen Augenblick als Wunder.
> Gib deine Ziele auf, und überlasse dem Glauben die Führung.
> Übergib deinen Wunsch an deine Gebetsschatulle oder das heilige Dreieck. Vertraue darauf, dass man sich um ihn kümmern wird.

Mit diesen Schritten gibst du dem Universum noch mehr Raum, dir als Führer zu dienen. Und wieder fällt mir eine Weisheit aus *Ein Kurs in Wundern* ein:

>»Es gibt eine Art, in dieser Welt zu leben, die nicht hier ist, auch wenn sie es zu sein scheint. DU veränderst deine Erscheinung nicht, obschon du öfter lächelst. Deine Stirn ist heiter, deine Augen blicken ruhig.«

Hingabe vermittelt diese Art von heiterer Gelassenheit. Übst du dich darin, fängst du an, auf eine Kraft zu bauen, die größer ist als du. Mit der Zeit wirst du lernen, dass sie immer da ist, und du wirst dich auf sie verlassen.

KAPITEL 12

SEI EIN INSTRUMENT DER LIEBE

Eines Morgens saß ich mit meinem Mann in der Küche unseres Hauses am Berg beim Frühstück, als ich plötzlich aus dem Augenwinkel drei Männer die Einfahrt hochkommen sah. Sie waren ganz in Schwarz gekleidet, hatten Kapuzen über den Kopf gezogen, und jeder von ihnen trug einen langen, schwarzen Gegenstand. Augenblicklich geriet ich in helle Panik und ging im Kopf alle Möglichkeiten durch, wie wir aus der Situation herauskommen und fliehen könnten. Ich war regelrecht gelähmt vor Angst, denn ich war in dem Moment völlig überzeugt, dass diese drei bedrohlich wirkenden Kerle mit riesigen Gewehren auf dem Weg zu uns waren.

Als sie ans Haus kamen, entpuppten sie sich als völlig harmlos: Sie waren keine Mörder, die es auf mich abgesehen hatten, sondern die Leute, die sich um unseren Garten kümmern und an diesem Tag mit ihren Laubbläsern unterwegs waren. Die Geschichte mag sich lustig anhören, aber sie hat mir echt zugesetzt. Was mir am meisten zu schaffen machte, war, dass ich angesichts der Waffengewalt in meinem Land sofort an das Allerschlimmste gedacht hatte.

Wegen der Waffenproblematik in den USA laufe ich ständig mit der unterschwelligen Angst herum, dass jeden Moment jemand mit einer Knarre vor mir auftauchen könnte. Es handelt sich dabei um eine reale Sorge, die viele meiner Landsleute teilen.

Noch in derselben Woche machten Nachrichten von einem weiteren Massaker in Kalifornien die Runde, und es war erschreckend, welche Statistiken die Medien lieferten. Seit der Tragödie an der Sandy-Hook-Grundschule 2012 vergeht kein Tag, an dem nicht weitere Amokläufe geschehen. Die Wahrscheinlichkeit, von einem anderen Amerikaner erschossen zu werden, ist bei uns weit größer als die Gefahr, bei einem Terrorangriff ums Leben zu kommen. Als ich mir die Berichte anschaute, wurde ich auf einmal richtig wütend. Ich hatte das Gefühl, mich dagegen wehren und meine Stimme erheben zu müssen. Und ich wollte, dass man mich hörte. Also schrieb ich über meine Wut im Internet. Ich postete ein Foto von einer Waffe mit einem Verbotsbalken darüber. Der Text dazu lautete: »Betet für unser Land. Das muss aufhören!« Innerhalb von Minuten trafen Hunderte von Kommentaren dazu ein. Zu meiner Überraschung meldeten sich auf meiner Seite Frauen zu Wort, die für den Besitz ihrer Waffen eintraten. Es waren Aussagen darunter wie: »Ich bin enttäuscht von dir, Gabby. Ich brauche meine Waffe, um meine Familie zu beschützen.«

Als ich solche Dinge las, rastete ich aus. Ich fing an, meinem Mann Vorträge darüber zu halten, wie durchgeknallt mir diese Ansichten erschienen; und dass man mit dem Argument, man brauche Waffen, um sich zu »schützen«, nur für das dauerhafte Fortbestehen des Problems sorgen würde. »Ich werde noch was posten!«, sagte ich zu ihm. Er antwortete mit just dem Stück Weisheit, das ich in dem Moment brauchte. »Wie soll das irgendetwas Positives bewirken?«, fragte er. »Mit deinem negativen Post gießt du nur Öl ins Feuer. Redest du nicht sonst dauernd davon, dass man Widrigkeiten mit Liebe begegnen sollte?« In diesem Augenblick war mein Mann mein Guru. Zach ist mir stets ein guter Spiegel, in dem ich meinen Schatten sehen und ans Licht bringen kann. Manchmal sind es die Menschen, die uns am nächsten stehen, die uns die besten Gelegenheiten zum Lernen und spirituellen Wachsen bieten. Ich lächelte. »Du hast recht«, sagte ich. »Ich kann dieser Angst nicht mit Wut begegnen. Ich muss ein Instrument der Liebe sein.«

Ich hörte auf zu argumentieren, zu kommentieren oder negative Kommentare zu löschen. Stattdessen setzte ich mich hin, spürte in meine Gefühle hinein und rief die Liebe an. Ich erkannte mich selbst in den wütenden Müttern, die mir auf Facebook geschrieben hatten. Ihr Gefühl, Waffen zu brauchen, entsprang derselben Angst, die ich hatte. Schließlich fürchteten wir uns alle vor Gewalt und waren in dem tiefen Wunsch vereint, unsere Familie vor Schlimmem zu schützen. Aus dieser mitfühlenden Haltung heraus konnte ich ihren Meinungen mit Liebe begegnen.

Die Waffengewalt ist nur eines von vielen schrecklichen Themen, mit denen wir uns zurzeit auf der ganzen Welt auseinanderzusetzen haben. Wie lässt sich inmitten all dieser Unsicherheit so etwas wie Sicherheit erlangen? Woher können wir Macht beziehen, wenn wir uns so ohnmächtig fühlen? Wie können wir Frieden finden, wo es doch so viel Angst gibt?

Die Antwort lautet, wir müssen uns von einem Ort der Liebe aus leiten lassen. Unsere Fähigkeit, uns auf die Energie der Liebe einzuschwingen, verleiht uns die Worte, die wir brauchen, wenn die Zeit reif ist, unsere Stimme zu erheben; das Mitgefühl, das wir brauchen, wenn die Zeit kommt zu vergeben; und die Kraft, die wir brauchen, wenn wir uns verirrt haben. Als spirituelle Aktivistin glaube ich, dass unsere stärkste Macht in der Begegnung mit dem Terror unserer Zeit in unserer Fähigkeit liegt, in der Liebe zu sein. Liebe vertreibt jegliche Angst.

Jedes Kapitel dieses Buchs läuft auf diese Erkenntnis hinaus. Du weißt jetzt, über welche Stärke du in Wirklichkeit verfügst. Du weißt, dass du dich mit der Kraft des Universums verbinden kannst, um andere mit deiner Gegenwart zu beeinflussen. Du weißt, dass deine Macht in deiner Fähigkeit liegt, in der Liebe zu sein und Licht zu verbreiten.

Je mehr Liebe du in die Welt trägst, desto stärker wirst du andere dazu inspirieren, ebenfalls in der Liebe zu sein. Sie werden deinem Beispiel folgen. Dieser Effekt der sich ausbreitenden Wellen ist es, der Muster verändert, friedliche Revolutionen auslöst und Kriege beendet. Du magst den Eindruck haben, dass deine Stärke nichts wert ist, wenn du dich in der Hand von irgendwelchen skrupellosen Wirtschaftsbossen, irren Terroristen oder von der Angst gesteuerten Weltpolitikern befindest. Aber das stimmt nicht. Deine Stärke liegt in deiner Fähigkeit, Liebe zu verbreiten.

Der Gedanke, durch das Verbreiten von Liebe den Terrorismus und die Waffengewalt zu überwinden, die Umwelt zu heilen, die Hungrigen satt zu bekommen, die Versklavten zu befreien und mehr dergleichen Gutes zu tun, mag schwer nachvollziehbar erscheinen. Mir geht es manchmal auch so. Auch ich fühle mich oft niedergeschlagen, ohnmächtig und verloren. Aber wann immer ich mich darauf besinne, dass meine Stärke in meiner Fähigkeit liegt, Liebe zu verbreiten, finde ich wieder in meine Kraft und erfahre Gewissheit und Frieden. Um die Welt zu retten, kommen wir nicht um diese Wahrheit herum.

Wir verändern die Welt, indem wir unsere spirituelle Haltung verändern – wenn wir liebevoller werden, verzeihen, unsere alten Wunden heilen lassen und in den gegenwärtigen Augenblick kommen. Die Wunder, die auf der individuellen Ebene geschehen, wirken sich massiv auf das kollektive Energiefeld aus. Neigt sich ein Mensch der Liebe zu, scheint sein Licht auf alle.

Ich schreibe Bücher wie dieses, um etwas in deinem Leben zu bewirken, damit auch du etwas in der Welt bewirken kannst. In dem Maße, wie jeder Einzelne von uns Licht in sein Leben bringt, wird die Welt zu einem helleren Ort. Unser Licht vertreibt die Dunkelheit.

Während der Arbeit an diesem Buch erzählte ich einem literarischen Mentor von dem Projekt. »Es geht darum, Menschen zu helfen, inmitten von Unsicherheit Sicherheit zu finden und Stärke, wenn sie sich ohnmächtig fühlen«, erklärte ich ihm. »In einer Welt voller Angst sollen sie Liebe empfinden.« Er entgegnete: »Das hört sich alles super an, aber Bücher über die Rettung der Welt verkaufen sich nicht gut.« Marketing ist Teil meines Geschäfts, und ich wusste genau, wovon er sprach. Gleichzeitig aber lebe ich als Frau in diesen schwierigen Zeiten, und so widerstrebte es mir, mein Vorhaben aufzugeben. Es ist mir ein großes Anliegen, dass alle meine Leser lernen, ihre Wünsche zu manifestieren, Erfolg im Beruf und unglaublich tolle Beziehungen zu haben, am wichtigsten aber ist mir, dass möglichst viele von euch im Licht sind.

Ich betrachte es als meine Aufgabe in diesem Leben, so viele Menschen wie möglich aufzuwecken und ihnen klarzumachen, dass ihre Stärke darin liegt, aus der Liebe heraus zu handeln. Ich betrachte mich als eine Art Dosenöffner, der dir dein höchstes Potenzial eröffnet, nämlich der Welt mit deiner Freude zu dienen. Ich will dich aufwecken, damit du deine wahre Bestimmung erkennst: Sei Liebe und verbreite Liebe. Unser Leben hängt davon ab! Diese Worte dürfen keine netten Sprüche bleiben, die wir auf Instagram posten. Wir müssen sie uns zur Mission machen! Die Sicherheit, die wir uns ersehnen, hängt von unserer Entschlossenheit zur Liebe ab.

Die letzten Schritte dieses Buchs sollen dir zeigen, wie du deinen Platz neben mir einnehmen kannst, indem du auch zur spirituellen Aktivistin bzw. zum Aktivisten wirst. Diese Arbeit wird dir in Erinnerung rufen, dass du deine Verbindung zum Universum für das größte aller Ziele einsetzen musst: um die Welt zu retten. Befolge diese Schritte, und nimm meine Einladung an.

Komm mit mir ins Licht.

Schritt 1: Wach auf.

Ich habe tausendfach miterleben dürfen, wie Menschen ihre spirituelle Natur erkennen und sich zu eigen machen. Es ist ein unglaubliches Gefühl zu sehen, wie sie erwachen und ihre Verbindung zur Liebe begreifen. Aber nur allzu oft stelle ich fest, dass diese spirituell bewussten Menschen keinerlei Bewusstsein dafür haben, was in der Welt ringsum geschieht. Vielleicht wissen sie es sogar, weil sie Nachrichten schauen oder die Zeitung lesen, aber die Berichte lassen sie kalt. Es gibt nichts, was mich mehr aufwühlt, als wenn ich erlebe, wie spirituell in hohem Maße aufgeschlossene Menschen sich nicht für das Weltgeschehen interessieren.

Ich empfehle hier keinesfalls, dass wir uns in die Dramen der Nachrichten hineinziehen lassen, doch ich halte es für unsere Pflicht, bewusst hinzuschauen, was rings um uns passiert. Ignorieren wir die Ereignisse, geraten wir in die Falle der Apathie und vergessen die Bedeutung unseres Lichts. Sind wir uns der Dunkelheit in dieser Welt bewusst, befeuert das unseren Wunsch, mehr Licht in sie hineinzutragen. Bewusstheit inspiriert uns, unsere Stimme zu erheben, wenn es nötig ist, und unsere Gebete jenen zu widmen, die sie am nötigsten brauchen. Bewusstheit verbindet uns mit allen Seelen überall auf der Welt, die im Leben womöglich weniger privilegiert sind als wir. Sie erinnert uns daran, dankbar, voll Freude und liebevoll zu sein.

Ohne eine solche Bewusstheit könnten wir uns nur allzu leicht in den Kleinlichkeiten unseres Lebens verfangen – in den verrückten, lächerlichen Geschichten, die wir uns ausdenken, und den albernen Problemen, auf die wir uns konzentrieren und die uns schnell sehr egoistisch machen können.

Solltest du in dir irgendeine Form von Gleichgültigkeit oder Unbewusstheit ausmachen, verzeih dir dies sofort. Denk daran, dass du die Muster deiner Vergangenheit augenblicklich auflösen und in die Kraft des gegenwärtigen Augenblicks kommen kannst. Fasse jetzt den Vorsatz, deinen Fokus von deiner eigenen Beschränktheit hin zur Welt ringsum zu verschieben.

Nimm dir jeden Tag die Zeit, auf das Geschehen in der Welt zu achten, und widme deine liebevollen Gedanken und Gebete jenen, die dich am meisten brauchen.

Schritt 2: Vergiss nicht, wo deine wahre Kraft liegt.
Sei dir darüber im Klaren, welche Kraft du anrufst, um Veränderungen zu bewirken. Wer bist du? Zornige Friedensaktivistin oder Lichtarbeiter? Mach dir den Unterschied klar. Mach dir bewusst, wie du womöglich Angst als Macht und Getrenntheit als Waffe einsetzt. Wenn du dir das Geschehen in der Welt zunehmend ins Bewusstsein rufst, könntest du es leicht mit der Angst zu tun bekommen oder in Zorn geraten, so wie ich mich fürchterlich über die Waffengewalt in meinem Land aufgeregt habe. Es ist in Ordnung, wütend zu werden; es ist nur natürlich, zornig zu sein. Aber vergiss nie, dass deine wahre

Kraft woanders liegt. Der Schlüssel zu ihr liegt in deiner Fähigkeit, dich von der Liebe leiten zu lassen.

Spüre also die Entrüstung, und sprich mit einem Freund darüber. Erkenne deinen Zorn und deine Angst als große Lehrer auf dem Weg zurück zum Frieden an. Dann komm so schnell wie möglich wieder in die Liebe. Verbinde dich mit deiner Kraft, indem du betest.

Hier ein Gebet, das dir hilft, wann immer es nötig ist, in deine wahre Kraft zurückzufinden:

Ich erkenne meinen Zorn und meine Reaktion
auf die Dunkelheit an. Ich weiß, dass meine wahre Kraft
in meiner Fähigkeit liegt, Licht zu sein.
Ich rufe die Energie und die Gedanken der Liebe an,
durch mich hindurch zu fließen und mich zu inspirieren,
aus einem Ort der wahren Kraft heraus zu handeln.

Nimm deine Rolle als spirituelle Aktivistin bzw. spiritueller Aktivist an, und begegne den Ängsten der Welt mit Liebe. Lass dich von einer Haltung des Verzeihens und des Mitgefühls leiten. Sei dir bewusst, dass du aufrechten Hauptes deine Stimme erheben, aufstehen und deine Position vertreten kannst. Du hast die Kraft, alle Grenzen in Liebe aufzulösen.

Schritt 3: Der Frieden der Liebe scheint jetzt in dir.
In *Ein Kurs in Wundern* heißt es:

»Warum auf den HIMMEL warten? Diejenigen,
die das Licht suchen, bedecken nur ihre Augen.
Das Licht ist jetzt in ihnen. Erleuchtung ist gar keine
Veränderung, sondern nur ein Wiedererkennen.«

Glaubst du, du müsstest die äußeren Umstände verändern, um dein Leben zu verändern? Du brauchst nur deine innere Einstellung zu verschieben und dich auf die Liebe zu besinnen. Nimm das Licht in dir an, und du wirst die Welt erleuchten. Glaube an dieses Licht, was auch immer geschieht. Deine Überzeugung und Gewissheit werden anderen helfen, sich auf die ihre zu besinnen. Allein in deinem dich Wiederbesinnen liegt die Kraft zur Heilung.

Nimm die Liebe an, die jetzt durch dich scheint. Mach es dir zur Pflicht, im Licht zu leben. Würdige die Wunden, die dich an diese Stelle deines Wegs gebracht haben. Der Sufi-Dichter Rumi hat einmal gesagt: »Die Wunde ist der Ort, wo das Licht in dich eintritt.« Vertraue darauf, dass deine Wunden genauso beschaffen sind, wie das Universum es geplant hat. Sie wurden dir von göttlicher Hand gegeben, damit du dich ihnen mit Liebe stellen kannst und sie dich an das Licht in dir erinnern. So schwierig deine Situation auch sein mag, nimm dir einen Moment Zeit, um sie zu würdigen. Würdige das Trauma, den Schmerz und die Angst in der Gewissheit, dass der Frieden der Liebe unablässig durch dich scheint. Was auch immer dir in dieser Lebensspanne widerfährt, diese Wahrheit verändert sich nicht. Der Frieden der Liebe verlässt dich nie.

Wann immer dich die Ängste der Welt von dir wegführen, kehre in den gegenwärtigen Augenblick zurück, und denk an den Frieden der Liebe, der jetzt weiter in dir scheint. Schau dir behutsam die Geschichten und furchtsamen Gedanken an, die dich von dieser Wahrheit ablenken. Im gegenwärtigen Augenblick kannst du zur Liebe zurückfinden und im Frieden sein. In ihm kannst du deine Verbindung zum Universum wiederherstellen und dich aus allem Leid erlösen.

Schritt 4: Werde zum Instrument der Liebe.

Es gibt keine großartigere Erfahrung, als von der Gegenwärtigkeit der Liebe durchströmt zu werden. Wenn du zunehmend in die Liebe kommst und auf diese Weise dein Leben heilst, wirst du dahin geführt werden, andere auf dem gleichen Pfad zu unterstützen. Manchmal werden dir dabei Wege und Richtungen gewiesen, die dir nicht immer logisch erscheinen, der Ruf aber ist unüberhörbar.

Ich habe immer wieder erlebt, wie spirituelle Führungspersönlichkeiten diesem unüberhörbaren Ruf gefolgt sind. Ein Beispiel hierfür ist Oprah Winfrey. Ich war zu einem Auftritt in ihrer Fernsehserie *Belief* eingeladen worden, in der verblüffende Geschichten über Religionen und spirituelle Praktiken aus aller Welt vorgestellt werden. Sie legen Zeugnis von der Macht der universellen Energie der Liebe ab und lösen alle religiösen und spirituellen Grenzen auf, um uns eine Vision davon zu vermitteln, was Einssein wirklich heißt.

Während der Aufnahmen erzählte Oprah, warum sie die Serie ins Leben gerufen hatte. Sie habe sich im Gebet an Gott gewandt mit der Bitte, sie auf eine Mission zu schicken, die dem höchsten Wohl des Ganzen entsprach. Daraufhin habe sie den Auftrag erhalten, diese Sendung zu machen. Sie stecke sehr viel eigenes Geld, Zeit und Energie in das Projekt. Als sie zum Ende ihrer Rede kam, brachte sie mit Tränen in den Augen ihre Dankbarkeit darüber zum Ausdruck, dass sie es zulassen konnte, die universale Energie der Liebe durch sich hindurch wirken zu lassen, um ein Werk von derart transformatorischer Kraft zu schaffen.

Jeder von uns hat die Möglichkeit, sich der universalen Energie der Liebe im Einsatz für das höchste Wohl des Ganzen zur Verfügung zu stellen. Darum sind wir hier: um uns auf die Liebe zu besinnen und sie durch uns hindurchfließen, uns von ihr heilen und zum Dienen inspirieren zu lassen. Nehmen wir diese Aufgabe an, können wir wahrhaft zu Mitschöpfern des Universums werden. Wir können Veränderungen weit jenseits des für unseren logischen Verstand Fassbaren bewirken. Wir können anderen helfen, heil zu werden, und Menschen überall auf der Welt zu Diensten sein. Fragen wir einfach: »Für welche Aufgabe willst du mich einsetzen?« Damit öffnen wir die Schleusen für die Liebe, die allen Zweifel und alle Begrenztheit hinwegspült. In der Gegenwart dieser Liebe kann unsere Angst keinen Bestand haben.

Dies ist der letzte Schritt dieses Buchs: zum Instrument der Liebe des Universums zu werden.

Beginne jeden Tag mit diesem einfachen Gebet:

Universum, für welche Aufgabe willst du mich einsetzen?

Dann tritt zurück und lass einfach geschehen, was geschehen soll. Überlasse der Liebe die Führung in deinem Leben.
In *Ein Kurs in Wundern* heißt es:

»Du bist in Frieden, und du bringst Frieden mit,
wohin auch immer du gehst.«

Erlaubst du dem Universum, dich zu führen, zu heilen und zu leiten, kann dieser Frieden wieder in dein Bewusstsein treten. Frieden und Liebe können nie verloren gehen.

Führst du ein Leben in Gnade und Liebe, wirst du von einem Energieschwall erfasst. Es werden dir Worte gegeben, wenn sie dir fehlen. Kraft fließt dir zu, wenn du am Boden bist. Synchronizität und Unterstützung werden dir zuteil, wenn du dich verloren fühlst. Und du findest Sicherheit, wenn du verunsichert bist.

Während ich zum Ende dieses Buchs komme, fehlen mir nur ein paar Tage bis zum zehnten Jahrestag meines erfolgreichen Alkoholentzugs. Dieses Jubiläum markiert zugleich den Tag, an dem ich zurück zur Liebe fand und mich der Führung des Universums anvertraute. Mit Ehrfurcht betrachte ich, in welchem Maße ich es zulassen konnte, dass die Liebe durch mich wirkt. Ich bin beeindruckt von der Wandlung, die ich vollzogen habe, und tief bewegt von der Unterstützung, Liebe und Führung, auf die zu vertrauen ich gelernt habe. Und vor allem bin ich stolz auf meine Bereitschaft, die Welt durch Liebe zu heilen. Ich denke daran, wer ich vor zehn Jahren war: ein Mädchen von 25 Jahren, voll auf Drogen und total verunsichert. Mein Leben war voller Angst, Zweifel und Ungewissheit. Heute bin ich eine Frau, die im Licht lebt.

Meine Transformation ist auch die deine. Du kannst sie jetzt erleben. Du brauchst dich nur für die Liebe zu entscheiden, Licht zu verbreiten und dir bewusst zu machen, dass das Universum hinter dir steht.

DANKSAGUNG

Es gibt viele unglaubliche Menschen, die mir geholfen haben, dieses Buch ins Leben zu rufen. Meine literarische Mentorin, Führerin und Agentin Michele Martin, die von den ersten Anfängen an mit mir auf dieser Reise ist. Zutiefst dankbar bin ich dem Verlagsteam bei Hay House, Reid Tracy, Patty Gift, Richelle Fredson, Michelle Pilley, Leon Nacson, Louise Hay und der gesamten Hay-House-Familie. Big Love an mein PR-Team bei Sarah Hall Productions. Danke, dass ihr die Liebe verbreitet! Ein Dankeschön an dich, Katie Karlson, du bist weit mehr für mich als eine Lektorin, du bist meine liebe Freundin. Ein großes Hoch auf meinen Mann Zack! Du bist für immer meine Nummer eins, mein Partner und mein bester Freund. Ich danke dir, Z, dass du dein Herz und deine Seele in dieses Buch hast miteinfließen lassen.

Und schließlich danke ich dir, liebe Leserin und lieber Leser. Für dich schreibe ich diese Bücher. Deine Bereitschaft zu wachsen, heil zu werden, die Angst zu überwinden und ins Licht zu treten sind mir eine tiefe Inspiration. Du bist meine Heldin bzw. mein Held. Ich hoffe, dass sich dieses Buch für dich wie eine herzliche Umarmung anfühlt, die dich festhält und dich daran erinnert, dass das Universum hinter dir steht!

Gabrielle Bernstein

»Glück ist kein Zustand, sondern eine Entscheidung.«

Die moderne Lebenslehrerin Gabrielle Bernstein stellt 108 Übungen vor, die jeder ganz einfach in den eigenen Alltag integrieren kann. Eine inspirierende Anleitung für alle, die nicht stundenlang auf dem Meditationskissen nach Erleuchtung suchen, sondern einfach glücklich, selbstbestimmt und frei leben wollen.

978-3-453-70297-4

Gabrielle Bernstein

Mit einem Strahlen das Glück umarmen

Humorvoll und klar zeigt Gabrielle Bernstein, wie wir negative
Gedankenmuster aus dem Weg räumen und wunderbare
Veränderungen in unserem Leben erschaffen können. Ein besonderer
Mix aus Affirmationen, körperlicher Aktivität und Meditationen legt
jene innere Quelle der Intuition und Selbsterkenntnis frei, die uns
Führung und Inspiration schenkt, wann immer wir sie brauchen.

978-3-453-70323-0

Leseprobe unter **www.heyne.de**

»Der Dalai Lama zählt auf mich.«

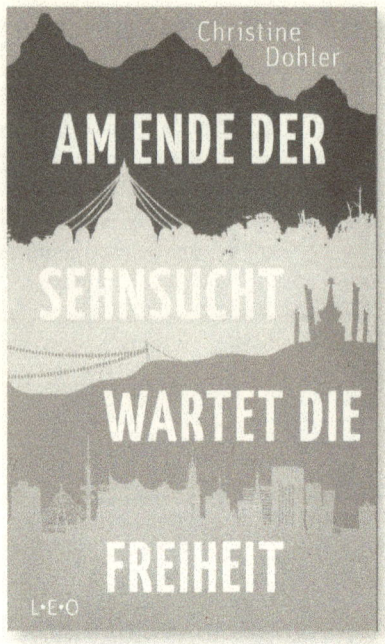

ca. 256 Seiten, Klappenbroschur, ISBN 978-3-95736-111-0

Wie gehst du damit um, wenn du plötzlich vor der Frage stehst:
»Soll das alles sein?«

Christine Dohler, junge erfolgreiche Journalistin, sieht sich
unerwartet genau damit konfrontiert. Von außen betrachtet
führt sie das perfekte Leben und doch ist da dieses Gefühl,
dass das Leben mehr zu bieten hat.

Als sie in Hamburg den Dalai Lama trifft, funkt es und sie
stürzt sich in das Abenteuer ihres Lebens: eine Reise um die
Welt und zu sich selbst.

www.leoverlag.de

L•E•O

52 Botschaften,
die dich mit der Quelle
deiner Kraft verbinden

Mithilfe der 52 Karten in diesem wunderschönen Deck
gelangst du zu deiner Stärke, wenn du dich niedergeschlagen
fühlst und findest Trost, wenn du dich verloren glaubst.
Stürz dich mitten hinein ins Abenteuer deines Lebens – immer
im Vertrauen darauf, dass das Universum hinter dir steht.

Irisiana Verlag
978-3-424-15351-4
15 € (D/A)
52 Karten